佛教小百科

◎禅宗◎

【潘桂明◎著】

上海科学普及出版社

图书在版编目（CIP）数据

佛教小百科．禅宗／潘桂明著．—上海：上海科学普及出版社，2011.1
ISBN 978-7-5427-4718-1

Ⅰ．①佛… Ⅱ．①潘… Ⅲ．①禅宗－通俗读物
Ⅳ．① B94-49

中国版本图书馆 CIP 数据核字（2010）第 229750 号

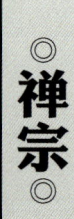

出　　版：上海科学普及出版社
　　　　　（上海市中山北路 832 号　200070）http://www.pspsh.com
制　　作：日知图书（www.rzbook.com）
印　　刷：北京联兴盛业印刷股份有限公司
发　　行：上海科学普及出版社
开　　本：16 开（787×1092）
印　　张：12 印张
字　　数：150 千字
标准书号：ISBN 978-7-5427-4718-1
版　　次：2011 年 1 月第 1 版　2011 年 1 月第 1 次印刷
定　　价：49.00 元

◎如发现印装质量问题，影响阅读，请与印刷厂联系调换。

前言

禅宗是众多中国佛教宗派之一，且是其中最有生命力的一派；迄今为止，它仍然代表着中国佛教的主流。禅宗的成立，以士族政治经济的削弱和传统佛教思想的挫折为背景；面对传统佛教的危机，禅宗在教界内部发起思想解放的运动。在特定历史条件和社会环境下，禅宗以固有生产方式和老庄思想学说为依托，借助大乘经典如来藏佛性理论，提倡心性"本觉"思想，强调主体精神的自觉，破除各种他力信仰，予沉闷已久的教界以有力冲击。

禅宗的实际创始者是慧能大师。菩提达摩及其弟子们实行的楞伽师属于禅宗的准备阶段，道信和弘忍提倡的"东山法门"是向禅宗的过渡形态。早期禅宗思想和实践以慧能说法集录《坛经》为主要标志，其后经历了不断激烈放纵的过程。迟至唐末、五代，禅宗五家七门相继成立，丛林各路豪杰纷纷登台献技，棒喝声中超佛越祖；禅宗思想学说异彩纷呈，禅宗言行风格异花竞放，进入百家争胜的全盛时期。自宋代理学思潮兴起以后，禅宗思想在理学制约下趋于衰退，禅宗的社会影响也逐渐受挫。

禅宗具有独特的思想体系，个性鲜明，不屑流俗。在禅宗广泛传播的历史过程中，其思想学说不仅为陆九渊、王守仁等学者吸收改造，形成理学中的心学系统；也还对民族文化产生深远而悠久的影响，唐以后的诗歌散文、绘画艺术中可以随处见其踪迹。

对禅宗及其思想的历史地位要作出全面评价是十分困难的事情。本书对于禅宗及其思想的基本观点进行了一番知识性介绍，使普通读者在阅读本书后，能对佛教禅宗有一定程度的了解。

目录 佛教小百科

何谓"禅"？……………………………………… 8
何谓"禅宗"？…………………………………… 10
"一苇渡江"是否实有其事？…………………… 12
达摩曾在少林寺"面壁九年"吗？…………… 14
慧可"立雪断臂"说明什么？………………… 16
何谓"东山法门"？…………………………… 18
为何说慧能是禅宗的真正"创始人"？……… 20
何谓"北宗禅"？……………………………… 22
何谓"南宗禅"？……………………………… 24
南北禅宗的分歧是什么？……………………… 26
"两京法主，三帝门师"指谁？……………… 28
何谓"楞伽师"？……………………………… 30
研究楞伽师学说的主要著作有哪些？………… 32
牛头禅有什么特色？…………………………… 34
"风幡之议"说明了什么？…………………… 36
慧能"顿悟"说出自道生吗？………………… 38
"顿悟成佛"的宗教意义何在？……………… 40
为什么说慧能的禅宗体现了佛教的中国化？… 42
《楞伽经》有哪些重要思想？………………… 44
《金刚经》是怎样一部佛经？………………… 46
为什么《坛经》有多种本子？………………… 48
《坛经》的主要内容是什么？………………… 50
神会对禅宗的贡献如何？……………………… 52
荷泽禅的基本思想是什么？…………………… 54
怎样全面评价神会？…………………………… 56

目录

◎禅宗◎ 佛教小百科

"衣钵相传"指什么？ ……………………………… 58
南宗取代北宗的原因何在？ ……………………… 60
禅宗何时达于鼎盛？ ……………………………… 62
"磨砖作镜"故事说明什么？ …………………… 64
洪州禅的地位如何？ ……………………………… 66
何谓"百丈清规"？ ……………………………… 68
《参同契》的中心思想是什么？ ………………… 70
什么是"机锋"？ ………………………………… 72
什么是"棒喝"？ ………………………………… 74
丹霞烧佛像是何道理？ …………………………… 76
如何看待禅僧"呵佛骂祖"？ …………………… 78
临济宗的思想特点是什么？ ……………………… 80
何谓"四宾主"？ ………………………………… 82
怎样理解"四料拣"？ …………………………… 84
"三玄三要"的内容和影响如何？ ……………… 86
何谓"五位君臣"？ ……………………………… 88
什么是"云门三句"？ …………………………… 90
什么是沩仰宗"三种生"？ ……………………… 92
法眼宗有何特色？ ………………………………… 94
《永嘉证道歌》主要内容是什么？ ……………… 96
何谓"华严禅"？ ………………………………… 98
李翱与禅僧的关系如何？ ………………………… 100
唐代士大夫为何执衷于参禅？ …………………… 102
唐代禅林经济状况如何？ ………………………… 104
什么是"黄龙三关"？ …………………………… 106

杨岐派有什么特色？……………………………………108

什么是"公案"？…………………………………………110

何谓"看话禅"？…………………………………………112

何谓"默照禅"？…………………………………………114

明教契嵩的思想特色是什么？…………………………115

大慧宗杲为何提倡"忠义之心"说？……………………116

何谓"念佛禅"？…………………………………………118

宋代有哪些士大夫参禅？………………………………120

宋代士大夫参禅原因何在？……………………………122

禅宗怎样影响理学？……………………………………124

"西天二十八祖"说何由而来？…………………………126

《祖堂集》的价值何在？…………………………………128

《景德传灯录》的地位如何？……………………………129

《五灯会元》为何深受文人喜爱？………………………130

《碧岩录》是怎样的一部书？……………………………132

《古尊宿语录》汇集了多少禅家语录？…………………134

何谓"孔门禅"？…………………………………………136

湛然居士是谁？…………………………………………138

明代有哪些著名的禅僧？………………………………140

明末"四大高僧"与禅宗关系如何？……………………142

袁中郎的禅学修养如何？………………………………144

"阳明禅"的内涵是什么？………………………………146

缘何有清世祖"逃禅"之说？……………………………148

圆明居士是谁？…………………………………………150

清初僧争的主要内容是什么？…………………………152

明清禅宗史著述有哪些？……………………………… 154
《指月录》是怎样一部书？……………………………… 156
何谓"丛林"？…………………………………………… 158
近代丛林清规是何等面貌？……………………………… 160
法堂和禅堂有何用途？…………………………………… 162
近现代禅宗有哪些重要人物？…………………………… 163
禅宗对诗词有过什么影响？……………………………… 164
应该怎样赏析禅诗？……………………………………… 166
禅宗如何影响绘画艺术？………………………………… 168
胡适对禅学研究有过什么贡献？………………………… 170
铃木大拙有哪些禅学著作？……………………………… 172
日本禅宗有哪些宗派？…………………………………… 174
明庵荣西对日本禅宗有何贡献？………………………… 175
希玄道元如何创立日本曹洞宗？………………………… 176
为何说白隐慧鹤是日本临济宗的"中兴者"？………… 177
隐元在日本禅宗史上地位如何？………………………… 178
请谈谈历史上中日禅僧的交往？………………………… 179
禅宗与茶道有何关系？…………………………………… 180
韩国禅宗有哪些派系？…………………………………… 182
越南禅宗有哪些派别？…………………………………… 183
欧美的"禅宗热"是怎样出现的？……………………… 184
少林寺为何名闻遐迩？…………………………………… 186
"五山十刹"指什么？…………………………………… 188
国内著名禅寺有哪些？…………………………………… 190

目录 ◎禅宗◎ 佛教小百科

何谓"禅"?

"禅"是梵语"禅那"的略称,意译为"静虑"、"思维修",是印度各种教派普遍采用的一种修习方式,在佛教思想中具有特殊重要的意义。其渊源是印度婆罗门教的经典《奥义书》中所讲的"瑜伽"。"瑜伽"即静坐调心,制御意志,超越喜忧,体认"神我",以达"梵"的境界。

据佛典《俱舍论》、《瑜伽师地论》的解释,认为通过"心注一境"、"正审思虑"的习禅,可以有效地制约个人内部情绪的干扰和外界欲望的引诱,使修习者的精神集中于被规定的观察对象,并按照被规定的方式进行思考,以对治烦恼,实现去恶从善、由痴而智、由"染污"到"清净"的转变。禅的修习也可以使信仰者从心绪宁静到心身愉悦安适。

佛教大、小乘的禅并不相同。小乘禅按修习层次,分为四种,即所谓"四禅"、"四静虑"。它们是:初禅、二禅、三禅、四禅。初禅的思维形式是"寻"(寻求、觉)、"伺"(伺察、观);由寻、伺的作用而厌离"欲界"(具有食欲和淫欲的众生所居之处),进而产生喜、乐的感受。二禅的思维形式是"内等净",因进一步断灭以名言文字为思虑对象的"寻"、"伺"作用,形成内心的信仰,故名;由此获得胜于初禅的"定生喜乐"。三禅的思维形式是"行舍"(非苦非乐)、"正念"(正确的记忆)、"正知"(正确的智慧活动);舍去二禅所得的喜乐,住于非苦非乐之境,并以正念、正知修习,获得"离喜妙乐"的感受。四禅的思维形式是"舍清净"、"念清净";舍弃三禅所得妙乐,唯念修养功德,由此获得"不苦不乐"的感受。中国佛教早期流行的小乘禅法主要为安世高介绍的"安般守意"法。"安般"指出入息,即呼吸,"守意"指专注一心。它是用数息的方法,令浮躁不安的散乱之心平静下来,同当时道教的呼吸吐纳,医学健身中的气功,有很多相似之处。

❀ **古印度波罗王朝时期青铜释迦牟尼坐像**

佛教初兴时期,借鉴吸收了古印度其他宗教的很多内容,包括坐禅在内的修行方法。

大乘佛教扩大了禅的范围，不再拘泥于固定的静坐形式。大乘禅的种类颇多，最主要的是念佛禅和实相禅。念佛禅的代表是"般舟三昧"。"般舟"意为念佛，"三昧"意为定。认为借助智慧，专心观想佛的三十二种相、八十种好，可使十方诸佛展现在眼前。"实相"指事物的本相，即空；实相禅是把禅法和空观联系起来，即在禅观中既要看到一切事物的空性，又要看到事物的作用。实相禅是把禅法作为悟证大乘般若理论的方法。

鸠摩罗什来到长安，受弟子僧之请，编译出《禅密要法经》，倡导五门禅观，认为应针对学者的具体情况而采取相应的禅法。如贪欲的人应修"不净观"，即在禅中观想人身内外充满污秽，坚定出家修行的决心；恚重的人应修"慈悲观"，即在禅中观想众生可怜之相，产生爱护和怜悯之心；一般人应修习"念佛禅"，即在习禅时一心观想佛陀的美妙庄严之相，使佛相现立于前。鸠摩罗什对大小乘禅法的融贯，对后来中国佛学影响很大；在中国佛教中发生重大影响的，正是这种禅观与空观的贯通。

禅在小乘佛教中被视为"三学"（戒、定、慧）之一，相当于"定学"，

❀ 浙江天台山的僧人正在静坐修行

在大乘佛教中则被看做"六度"（布施、持戒、忍辱、精进、禅那、智慧）之一，是由此岸世界到彼岸世界的重要途径。中国佛教学者通常把"禅"和"定"合称"禅定"，其含义比较广泛。事实上，这是不确切的，因为"禅"只是"定"的一种。禅主要是一种修习方式，与作为宗派的禅宗是两个不同的概念，但唐代宗密在《禅源诸诠集都序》中曾把"禅那"作"定慧"解释，并转义为禅宗的"禅"，而禅宗学者又主张以"禅定"来概括佛教的全部修习，所以"禅"与"禅宗"便有了某种必然的联系。

何谓「禅宗」？

「禅宗」是中国佛教的重要宗派。印度佛教只有禅而没有禅宗，禅宗是纯粹中国佛教的产物，它因主张用「禅定」概括佛教的全部修习而得名。又因自称「传佛心印」，以觉悟所谓众生心性的本源（佛性）为主旨，所以也称「佛心宗」。

南北朝时期，佛教学派形成，以研究和修习禅法为目的，禅学内部已出现各种派别。隋唐时期，在学派发达的基础上，宗派纷纷建立，禅宗作为隋唐佛教宗派之一逐渐崭露头角，并在发展过程中最终取代其他各宗地位，成为中国佛教史上流传最久远，影响最广泛的宗派。

相传菩提达摩从南印度来到北魏，提出一种新的禅定方法，开创出全新的禅学派别。达摩自称"南天竺一乘宗"，以四卷本《楞伽经》传授弟子，主张"理入"和"行入"并重，即把宗教理论的悟解和大乘禅学的实践加以结合，达摩把他的这种禅法传给了慧可，慧可又传给了僧璨。但由于受北方其他禅学派别的抵制，达摩禅直至僧璨时仍未有发展的机会。后来僧璨传道信，道信传弘忍，这一时期达摩禅获得了初步发展。弘忍之后，分出神秀和慧能两系，后来慧能一系战胜神

❀ 广东韶关曹溪南华禅寺

该寺创建于南朝梁武帝天监三年（504），禅宗六祖慧能曾主持该寺。因此也称六祖道场。

秀一系，成为中国禅的主流，慧能也就成为禅宗的创始人，从达摩至慧能共经六代，故传统旧说将达摩视为"初祖"，而把慧能说成"六祖"。

慧能禅经其弟子神会等人的宣传，在中唐以后的影响不断扩大。此后，禅宗进入了百家争胜、异花竞放的繁荣发展阶段。其中，南岳怀让、青原行思两个系统尤为突出。怀让传马祖道一，道一又传百丈怀海。怀海后分出两支，一支由黄檗希运传临济义玄，形成临济宗；一支由沩山灵祐传仰山慧寂，成立沩仰宗。青原行思传石头希迁，希迁下分出两支，一支由药山惟俨传云岩昙晟，昙晟传洞山良价，良价传曹山本寂，建立曹洞宗；一支由天皇道悟传至雪峰义存，义存下又分出两支，一支为云门文偃，创云门宗，一支由玄沙师备三传至清凉文益，创立法眼宗。"五家禅"相继建立。禅宗进入极盛时期。北宋时，临济宗下又分出两支，一为黄龙慧南的黄龙派，一为杨岐方会的杨岐派。严格意义上说，禅宗的全部特征以及完整形象，在五家禅时期得以形成。直至今日，禅宗仍然是中国佛教的主要流派。

禅宗的基本著作《坛经》主要内容是慧能在韶州大梵寺所说法。《楞伽经》、《金刚经》、《大乘起信论》等对禅宗曾发生重要影响。禅宗的基本思想认为心性本觉、佛性本有，主张明心见性、见性成佛，强调不立文字、顿悟成佛，它不仅与包括神秀系统在内的以往禅学不同，也与中国其他佛教宗派不同，更与印度佛教有别，禅宗虽以"禅"为名，但原则上反对坐禅，否认以坐禅为功德，断言坐禅不能成佛。

公元8至9世纪，神秀和慧能两系禅宗先后传至朝鲜。宋末，中国禅僧有多人东渡弘法，先后将临济宗的黄龙派、杨岐派和曹洞宗传入日本。17世纪，福建黄檗山万福寺隐元应邀赴日传授禅法，开创黄檗宗。至今曹洞、临济、黄檗三宗仍在日本流传不衰。

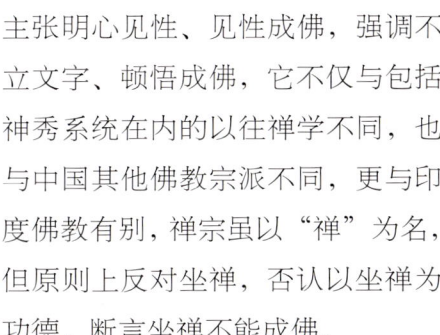
❀ 广州六榕寺禅宗六祖慧能铜像
铸于北宋时期，法相庄严，为佛门珍物。

"一苇渡江"是否实有其事？

据怀疑为伪经的《大梵王问佛决疑经》说，有一次大梵天王为使一切众生得大利益，请佛说法。释迦牟尼佛应请登座，但没有说一句话，只是手里拿着金婆罗花展示。当时在座弟子和护法诸天都对这一举动表示同惑不解。正在此时，站在释迦身旁的摩诃迦叶默然神会，破颜微笑。

佛知道摩诃迦叶堪任大法，于是当众宣布："吾有正法眼藏，涅槃妙心，实相无相，微妙法门，付嘱与摩诃迦叶。"这一传说具有很浓的神话色彩。但禅宗认为，佛在灵山会上"拈花示众"，是要弟子们领会佛教的根本精神，迦叶破颜微笑则是暗示他得了佛陀思想的真髓。因而，这种"以心传心"的无言之道被禅宗视为"教外别传"，而迦叶也就被列为西土第一代祖师。这样，禅宗的渊源便可以直接上溯到释迦牟尼，在与其他各宗的对抗中处于有利地位。

类似的神话不断出现。据说，当"正法眼藏"（普照一切的根本佛法）由第二十七祖般若多罗传给第二十八祖菩提达摩时，般若多罗对他说，希望你在我灭度以后六十年，将此正法眼藏传到中国去，普利众生。并送达摩诗偈一首，云："路行跨水复逢羊，独自栖栖暗渡江。日下可怜双象马，二株嫩桂久昌昌。"这首诗偈暗含了对未来的预言，尤其是前两句，"跨水"暗指达摩将渡海东行，"逢羊"则预言他将在广州登岸，"渡江"说的

❀ 河南嵩山少林寺达摩石刻像

菩提达摩，南天竺人，禅宗第二十八祖。他于嵩山少林寺面壁九年，传衣钵于慧可。

便是去北方传法。于是，南印度僧菩提达摩秉承般若多罗遗训，于梁武帝普通年间（520～526）航海东来，抵达南海（今广州）。梁武帝萧衍派人专程迎达摩至建康（今南京）。

梁武帝对佛教很感兴趣，在位时致力于建寺、写经、度僧、造像，所以一见到达摩便问："我做了这些事，有多少功德？"达摩却说："无功德。"梁武帝又问："何以无功德？"达摩答道："这些是有为之事，不是实在的功德。"梁武帝再问："如何是圣谛第一义？"达摩答："廓然无圣。"达摩见机缘不契，就决定离建康北上。

据传，达摩离开宫廷后，梁武帝把他与达摩的问答告知了他的师父志公禅师。志公听后，对梁武帝说，达摩的开示好极了，他便是观音菩萨乘愿再来，传佛心印。梁武帝深感懊悔，当下派人追赶达摩。达摩正走到江边，回头忽见一队人马赶来，于是随手折一枝芦苇，掷于江中，脚踏芦苇，悠然渡江北去。这就是著名的"一苇渡江"故事。后代文人常以此故事作为诗画的题材，在民间广为传播。

❀ 达摩祖师一苇渡江图

正如"拈花示众"、"跨水逢羊"等传说缺乏史料的真实可信性一样，"一苇渡江"也只是出于后代禅僧们的想象。胡适在《菩提达摩考》一文中说："我们剔除神话，考证史料，不能不承认达摩是一个历史的人物，但他的事迹远不如传说的那么重要。"在唐代道宣所著《续高僧传》中，"全无达摩见梁武帝的事，也没有折苇渡江一类的神话，可见当7世纪中叶，这些谬说还不曾起来"（《胡适文存三集》卷4）。事实上，流传下来的有关达摩生平事迹和禅法思想的记载，大部分出自后世禅僧们的虚构。作为历史人物的达摩，今日所存最可为据的是羊衒之的《洛阳伽蓝记》和道宣的《续高僧传》。

达摩曾在少林寺"面壁九年"吗?

据传,菩提达摩由南印度漂洋过海,来到中国南方,因与梁武帝见解不合,大失所望,于是折苇渡江,进入北魏境内。随后他在洛阳、嵩山一带游历并传授禅法。留下了在少林寺"面壁九年"的传说。

达摩弟子昙林在《菩提达摩略辨大乘入道四行》的"序"中说,达摩其人"冥心虚寂通鉴世事,内外俱明德超世表,悲诲边隅正教陵替,遂能远涉山海游化汉魏,忘心之士莫不归信"。认

❀ 达摩洞

位于嵩山少林寺西北约2千米的五乳峰,传说达摩曾在此洞面壁9年,其身影也因此神奇地印在洞壁上。

为其禅法的一大特色是"安心","安心"的内容是"壁观"。所谓"壁观",即心如壁立,并非面对墙壁而"观"。道宣《续高僧传》也说,达摩的禅法是"凝住壁观,无自无他,凡圣等一;坚住不移,不随他教;与道冥符,寂然无为"。认为通过"壁观",可达到"与道冥符"即自身与真如佛性相契合的目的。宗密《禅源诸诠集都序》指出:"达摩以壁观教人安心,外止诸缘,内心无喘,心如墙壁,可以入道。""安心"是指安心于"道";"外止诸缘"指完全停止对外在世界的认识;"内心无喘"指连自己的呼吸也感受不到。这就是后世所说的"面壁静观"。"面壁"并不一定面对墙壁,主要指入禅时的心理、精神状态;"静观"指对"理"的悟入。达摩根据《楞伽经》如来藏佛性思想,认为众生本具佛性,与佛同一真性,只要凝心壁观,摒除杂念,由定发慧,便可证悟如来藏佛性,进入佛的境界。

在较早的历史记载中,还未出现达摩曾在少林寺"面壁九年"之说,昙林序文只说达摩"远涉山海,游化汉魏";道宣《续高僧传》也只说他"北渡至魏,随其所止,诲以禅教","游化嵩洛",且以"游化为务,不测于终"。而少林寺是

❋ 河南嵩山少林寺

少林寺建于北魏孝文帝太和十九年（495）。图为少林寺山门，山门上悬一匾，匾上"少林寺"三字为清代康熙帝所书。

北魏孝文帝为佛陀禅师（佛陀扇多）所建的寺庙，佛陀为该寺第一任寺主。继佛陀任寺主的是僧稠。达摩禅与佛陀、僧稠一系的禅在当时是水火不相容的，故达摩不可能在少林寺"面壁九年"，所谓"面壁九年"的传说也纯属后人的作伪。北宋撰成的《景德传灯录》说，达摩北渡后，"寓止于嵩山少林寺，面壁而坐，终日默然。人莫测之，谓之壁观婆罗门"（卷3）。后人便作对联曰："一苇渡江何处去，九年面壁彼人来。"所以胡适断言，"所谓少林寺面壁的故事乃是后人误把少林寺佛陀的故事混作达摩的故事了"（《菩提达摩考》）。其原因，主要是因为禅宗后来取得优势地位，为了进一步扩大影响，理所当然地把当时颇具名声的少林寺列为祖庭；自然，达摩壁观也应当在少林寺进行了。

时代愈后，传说也愈离奇。有说在少室山的五乳峰上有一达摩洞，达摩曾在那里面壁九年，连小鸟在肩上筑巢都没有察觉。

慧可「立雪断臂」说明什么?

慧可,一名僧可,俗姓姬氏,虎牢(今河南荥阳)人。四十岁时遇达摩游化嵩洛,一见而生敬畏之心,便奉以为师。他被称做「东土二祖」。

在《续高僧传》(卷16)中,道宣曾记述慧可"遭贼斫臂"的事实。说他"遭贼斫臂,以法御心,不觉痛苦。火烧斫处,血断帛裹。乞食如故,曾不告人"。同样的遭遇还落在他的同伴法林身上。"林又被贼斫其臂,叫号通夕。可为治裹,乞食供林。"这一事实不久便在禅宗某些史籍中变了样。唐智炬《宝林传》载法琳所撰《慧可碑》文,说慧可在向达摩求法时,达摩告诉他:求法的人,应不以身为身,不以命为命。于是慧可便立雪数宵,雪至齐腰,并且断己左臂以示决心,由此获得达摩的"安心"法门。这样,"立雪断臂"就成为禅宗著名故事流传下来。后来的一些重要史籍如《楞伽师资记》、《传法宝记》、《景德传灯录》、《传法正宗记》等,多承袭《宝林传》之说,从而使慧可"立雪断臂"求法的传说长期为一般禅家传诵。甚至连正史《旧唐书》(卷191)也因袭该说,谓"慧可尝断其左臂以求其法"。

在《续高僧传》(卷16)中确有类似"立雪"的记载,但那是发生在一个名叫慧满的和尚身上。说是贞观十六年(642),"一衣一食,住无再宿"的慧满,某日于洛州南会善寺侧,夜"宿柏墓中,遇雪深三尺"。可以看出,慧可的"立雪"实际上是对慧满"柏墓遇雪"的附会。至于"自断左臂",则显然是对"遭贼斫臂"的改篡。

慧可(以及法林)"断臂"说明了什么?我们认为,它从一个侧面反映了达摩禅在初期传播阶段所面临的困境。达摩自称"南天竺一乘宗",是以四卷本《楞伽经》为宗旨,来中国传播印度大乘佛教禅学的。这种禅法与当时北中国所行的各类禅学,尤其是以宗教实践为根本的僧稠一系禅学不同,矛盾斗争十分激烈。僧稠实践的是长期在北方流行的以"四念处"法为中心的禅法,而达摩则实行大乘空宗的禅法。四念处法,观身不净、观受

是苦、观心无常、观法无我,层次清楚,对象明确,道理浅显,只要有虔诚的信仰和坚定的意志便可实行。大乘空宗禅法,以法性为宗,以无分别智、无所得心悟入实相,并依此理入禅。这种禅法,除了虔诚的信仰和坚定的意志,还要有高度的直觉悟解能力,只有"上根利器"才可领受,对于一般信徒来说,确实"理性难通"。宗密说:"达摩所传者,顿同佛体,迥异诸门,故宗习者难得其旨。得即成圣,疾证菩提;失即成邪,速入涂炭。"(《禅源诸诠集都序》)差异这样大的两个禅学派别在中原地区相遇,势必发生冲突。所以,慧可、法林遭斫臂(又传说达摩也曾数次遇毒,幸得命大未果),大概都与此有关。

僧稠从僧实出家,从道房学禅,后入少林寺诣祖师佛陀。佛陀对他的禅学给予极高评价,认为"自葱岭以东,禅学之最。汝其人矣"。此后,他受北魏孝明帝、孝武帝的礼遇。入北齐,又受文宣帝的诏请,并为其建云门寺以居,"供事

繁委,充诸山谷"。僧稠一系的禅取得"独盛"的地位。这一盛况,与达摩、慧可形成明显对比。史载慧可"流离邺、卫,亟展寒温,道竟幽而且玄,故末绪卒无荣嗣"。达摩禅法在当时处于萧索状态,没有受到社会的欢迎,尚未获得发展的机会。

不仅其他禅学派别反对达摩禅,就是文学之士也"多不齿之",致使"滞文之徒,是非纷举"。在上述背景下,慧可被人斫臂是可以理解的。后世禅僧为了掩饰这一既成事实,便移花接木,将"遭贼斫臂"说成了"自断左臂"。

❀ 少林寺立雪亭

立雪亭原名达摩厅,殿内神龛中供奉禅宗初祖达摩、二祖慧可、三祖僧璨、四祖道信、五祖弘忍像。匾额悬清乾隆帝御书横匾"雪印心珠"。

何谓"东山法门"？

四祖道信长住湖北黄梅西北30多里外的破头山（双峰山），他的弟子五祖弘忍在与此相距不远的冯茂山，继承和发扬道信禅学，因冯茂山位于双峰山东，所以他的禅学被时人称为"东山法门"。

东山法门是以道信的禅学为基础，事实上包括了道信、弘忍两代禅师的禅学。弘忍曾30年不离道信左右，尽得道信禅法思想精华。据载，则天皇后曾问弘忍弟子神秀：你所传的禅法，出自谁家的宗旨？神秀明确回答说，我禀受的是蕲州"东山法门"。可见，东山法门在当时显然是颇具影响的。

那么，"东山法门"的内容包括哪些呢？据《楞伽师资记》说，它有两个要点：一是"依《楞伽经》，诸佛心第一"；二是"依《文殊说般若经》，一行三昧"。这就是说，东山法门仍然持奉《楞伽经》，并强调要依该经所说"佛语心第一"来重视"心"。"心"在经中的原义指"枢要"、"中心"，并非指人心，把"心"作为人心解，意在使信徒专门向内心用功，安心修习。道信又吸收当时流行的某些经典思想，解"念心"为"念佛"，从而把念佛法门也组织到他们的思想体系中去，并由此进而提出"一行三昧"。

"一行三昧"是"东山法门"的核心。"一行"即"一相"，指法界一相，"三昧"即三摩地、定。以一相为三昧的境界，即以法界为所系缘（联系、发生关系）的对象。法界则无所不包，平等不二，无差别相。怎样才能入此三昧呢？根据《文殊说般若经》，认为在行这种三昧之前，先要学习般若波罗蜜（到达彼岸的特殊智慧）。按照经上所说的去修习，领悟法界无碍无相的道理，然后端身正向，系心一佛，专称佛名，念念相续，便能于念中见到三世所有佛。所以，"一行三昧"实际上是唯心念佛和实相念佛的结合。念佛是安心、入道的方便（手段）。通过唯心念佛，得知"离心别无有佛"，以致身心方寸、一切施为举动，都是菩提道场。通过"端坐念实相"的实相念佛，可证得法界实相之理，达到与佛一如的境界。

道信的"一行三昧"说，在融合唯心念佛和实相念佛的同时，强

调明净之心和实相之悟,把《楞伽经》的如来藏佛性思想和《般若经》的般若学说予以沟通。道信受般若学说启发,进而把达摩禅的"安心"说修改为"亦不捉心,亦不看心",提出"直任运"的自由放达的修禅方法。任运自然的思想虽在《楞伽经》中能找到出处,但这一思想只有在与般若学说结合之后,才被禅学界所重视。后来禅宗的洪州禅一系尤其强调这一点。

慧能以后,《楞伽经》在形式上逐渐退居次位,《金刚经》的地位不断上升。这种历史趋势应溯源于东山法门。东山法门成为向慧能禅的过渡形态。

"东山法门"的形成,使达摩禅逐渐由严格的枯坐修禅和头陀行守戒向自由活泼的形式发展。大大增强了对禅僧的吸引力,预示着禅学新局面的到来。道信曾在双峰山集道俗500余人习禅,其规模为此前所未见。弘忍继之,在冯茂山40余年"接引道俗,四方龙象归依奔凑"(《历代法宝记》)。达摩禅声誉大震,渐渐压倒其他各家禅学,并受到朝廷的密切注视。

❀ 广东韶关曹溪南华寺所藏的刺血经书《金刚经》

《金刚经》全名《金刚般若波罗蜜心经》,算得上是中国流传最广、注疏最丰的佛教经典。禅宗以《金刚经》为立派之本。

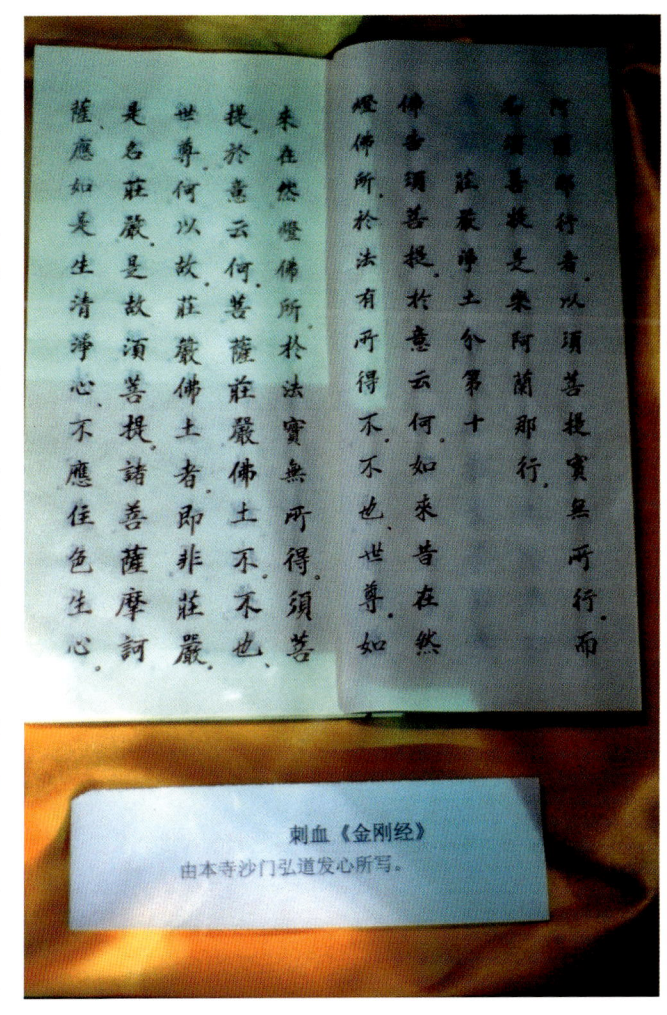

刺血《金刚经》
由本寺沙门弘道发心所写。

为何说慧能是禅宗的真正"创始人"？

按照传统旧说，认为禅宗创始于北朝，其初祖为菩提达摩，但实际上它真正成为佛教宗派，应当看做从唐代开始。

佛教思想经过汉魏两晋南北朝长时期的翻译介绍阶段，隋唐之前在社会上已产生广泛影响，并形成很多学派，如"地论宗"、"摄论宗"、"成实宗"等，它们讲授佛教的经、论，各有师承、家法。这一时期虽已有"宗"的称号，但实际上仍是学派，它和汉儒经师传授的方式相似，与后来隋唐时期的佛教宗派则不同。禅在南北朝也作为学派而存在，并在禅学内部又有各种流派的分歧。

后秦的鸠摩罗什编译的《坐禅三昧经》、《禅法要解》等书，是对大、小乘共7家禅法的成功综合。在鸠摩罗什同时，禅学专家佛陀跋陀罗（觉贤）来华，先在长安与罗什共事，后因与罗什观点不合，乃受慧远邀请，入庐山，译出《达摩多罗禅经》等，在南方颇有影响。自安世高介绍小乘"禅数之学"起，经过法护、罗什、觉贤等人的禅经翻译和坐禅实践，至南北朝初年，各种禅学流派已很发达。刘宋时，求那跋陀罗又译出四卷本《楞伽经》，给禅学以新的启示。该经把禅分为"愚夫所行禅"（指小乘及外道禅），"观察义禅"（观法无我、人无我，指大乘禅），"攀缘如禅"（观真如、实相），"如来禅"（指大乘最上禅）4种。后来宗密把禅分为外道禅、凡夫禅、小乘禅、大乘禅、如来最上禅5种，与此基本上类似。《楞伽经》不仅区分了大、小乘禅，而且提出了"如来禅"的概念，说它是"自觉智境"，是佛的内证境界，还反复指出"依于义，莫著言说"、"离文字"的如实说法。这一思想便成为达摩禅的重要依据。

北方禅学一向比较发达，北魏时期更是如此。在达摩同时或稍后，北方出现一位深有影响的禅师僧稠。僧稠是佛陀禅师弟子道房的再传，后来又曾直接受学于佛陀。佛陀除传道房外，还传慧光，他所传授的是与达摩不同的传统小乘禅法。北方另一禅师玄高的禅则多神异色彩，具仙道趣味。

达摩的禅，只是当时流传的许多家禅中的一家；他的禅学，是作为当时并行的学派之一而传承下来的。事实上，他的禅学因客观条件的制约而局限于师徒数人的传授，影响不大。达摩之世，尚未具备宗派形成的基本条件。直至五祖弘忍，达摩禅仍然作为一种学派而流传，但在道信、弘忍时，达摩禅系统的力量已有了长足的发展，已开始确立起自己的寺院经济，有了相对稳定的传教区域，禅学思想也已有了显著的变化。

历史上的禅宗，虽说与达摩禅有思想上的某种继承关系，在法统上也有血脉之情，但它的根本思想无疑是由慧能直接奠定下来的。达摩禅没有顿悟的内容，也没有否认坐禅的要求，本质上仍然是印度禅的翻版。慧能禅宗与传统意义上的禅以及南北朝各家禅学有原则区别，它是中国人以自己的思想方式和生活方式建立起来的。

从达摩到弘忍，这五代法裔相传的过程，可以看做禅宗的预备阶段，也可称为禅宗的先驱。禅宗是中国佛教运动的产物，是隋唐时期陆续形成的众多佛教宗派中的一派。慧能时代，禅宗建立的主客观条件开始成熟。那时候，在封建统治者大力扶植下，寺院经济迅速壮大，为以寺院为据点的宗派活动提供了物质保证；禅的传播区域不断扩大，其影响及于大江南北；以慧能禅法思想为中心的宗教哲学迅速为广大禅僧和世俗人士接受，从而，一个以共同利益为目的、以统一思想为教义的新的僧侣集团便脱颖而出。

❀ **禅宗六祖慧能真身**
唐开元二年（713），六祖慧能大师圆寂，留下的肉身历经1200多年依旧不坏，在广东曹溪南华寺供奉至今。

何谓「北宗禅」？

「北宗禅」即「禅宗北宗」，是唐代以神秀为主要代表的一派禅学。由于主要活动于北方嵩洛地区，所以被名为「北宗」。

达摩禅传至四祖道信、五祖弘忍，由于"东山法门"的确立，势力渐大，影响渐广。唐高宗咸亨五年(674)，弘忍死后，东山法门内部因思想分歧，出现重大分裂。在武则天、唐中宗的支持下，弘忍大弟子神秀、道安、玄赜等人继续实行和宣传以循序渐进的修行为特色的禅法，与慧能在南方所传授的以顿悟为根本的禅法形成对立。"北宗"，通常仅指神秀一系的禅法传承，但广义地说，应指当时在北方流传的与神秀系类似的各家禅法。

据敦煌卷子《楞伽师资记》的记载，弘忍在去世前曾对弟子玄赜说，以后可以传我禅法的有10人，他们是：上座神秀、资州智诜、白松山刘主簿、华州慧藏、随州玄约、嵩山老安、潞州法如、韶州慧能、

❀ 黄梅四祖寺莲花庵

扬州高丽僧智德、越州义方。这些弟子后来各自传法，但大部分传承不明，禅法湮灭无闻，只有慧能和神秀二系最为清楚。

北宗神秀系的禅学，忠实地继承道信和弘忍的衣钵，属于保守的一类。弘忍曾感叹地说："东山法门，尽在秀矣。"神秀也直言不讳地承认，他禀受的是蕲州的"东山法门"。

神秀系统作为禅宗北宗的主脉，在安史之乱前曾达到鼎盛，有"嵩岳渐门盛行于秦洛"、"两京之间皆宗神秀"之说，其影响在当时远比慧能大。《景德传灯录》列神秀得法弟子有19人，如普寂、义福、景贤等都在当时享有盛名。神秀先受武后礼遇，为之在当阳置度门寺，于尉氏置报恩寺。后又受中宗器重。普寂是神秀的大弟子，中宗闻神秀年高，特下制令普寂代神秀统其法众，他就是著名的"大照禅师"。据说普寂门徒有一万之众，仅"升堂者"便有63人。普寂传广德、法玩、同光、一行；广德又传昙真；昙真传"十哲"，密宗大师惠果幼年时也曾从昙真"立志习经"。昙真历唐玄宗、肃宗、代宗三朝，被礼为"国师"，因而称"三朝国师"。这一系的传承略与唐室相始终。

开元年间，密宗大师金刚智、

❀ **四祖寺毗卢塔**

唐永徽二年（651），四祖道信圆寂于此。塔高15米，砖石砌成，重檐亭式，略呈正方形。

善无畏、宝思惟等纷纷来华传授密教，义福和普寂弟子一行都曾师事金刚智、善无畏，景贤也曾从善无畏受菩萨戒羯磨仪轨，咨问大乘微妙要旨。神秀一系的禅在这时已开始与密宗逐渐融合。另一方面，慧能弟子神会于安史之乱前后在北宗中心区域洛阳发起挑战，攻击北宗禅法，给神秀、普寂系统以重大打击。安史之乱后，北宗逐渐失去寺院经济的有力支持，虽其法脉又延续了100余年，但毕竟已走向衰落。唐武宗会昌五年（845）灭佛事件后，北宗更是一蹶不振。

何谓"南宗禅"?

"南宗禅"即"禅宗南宗",指由慧能创立的那一派禅。因初期流行于南方,同时为与北方神秀系的"北宗禅"相区别而得名。安史之乱后,慧能一系禅势力日益扩大,逐渐取代北宗地位,成为中国禅宗的主流。所以,后世论禅,往往把禅宗直接等同于南宗。说到"南宗禅",也便是指慧能禅宗。

"南宗"一语,早在慧能弟子神会的著作中已出现,敦煌卷子中有独孤沛所集《菩提达摩南宗定是非论》一种,记神会踞师子座说:"菩提达摩南宗一门,天下更无人解。"在另一卷子《南阳和尚顿教解脱禅门直了性坛语》中,神会又说:"普寂禅宗与南宗有别。我自料简是非,定其宗旨。"可见,神会所谓的"南宗",便是慧能和神会自己相传的这一派禅;既然有此南宗,与之对立的神秀、普寂一系理所当然地成了"北宗"。此后,在宗密的一系列禅学著作中,便始终以南、北宗分别指慧能、神秀二系。显然神会是分判南北禅宗之别、造成南北禅宗对抗、奠定南北禅宗之说的关键人物。所以在宋初赞宁的《宋高僧传》(卷8)中说:"从见会明心,六祖之风荡其渐修之道矣。南北二宗,时始判焉。"

由上可知,"南宗"这一概念,是在神会与普寂即慧能系与神秀系的直接对抗中形成的。在当时有它特定的内涵。如果离开这一点,光从地域的分布上来说,"南宗"就不只是慧能一系,"北宗"也不只是神秀一系。在慧能、神会同时或

前后不久，是一个禅的百家争胜时代。宗密是这一时代的见证人，他在《禅源诸诠集》的总序中说："今集所述殆且百家，宗义别者犹将十室，谓江西、荷泽、北秀、南诜、牛头、石头、保唐、宣什及稠那、天台。立宗传法，互相乖阻。有以空为本，有以知为源；有云寂默方真，有云行坐皆是；有云见今朝暮分别为作一切皆妄，有云分别为作一切皆真；有万行悉存，有兼佛亦泯；有放任其志，有拘束其心；有以经律为所依，有以经律为障道。"虽包括近百家，它们的主要流派可分为"十室"。这十室按学说的基本宗旨又可分"息妄修心宗"、"泯绝无寄宗"、"直显心性宗"三大系统，它们在说教的方式和重点上各有所偏，但难以分出高下。上述所谓"十室"中，立足于南方的占绝大多数。

其中有的是慧能门下所立，如江西、荷泽、石头，自然其思想与慧能相类；有的则属他宗之禅，如天台，其"止观"之学便是禅法的一种，唐代该宗在浙江天台、湖北荆州一带仍有一定势力；牛头为四祖道信的弟子法融的系统，是以般若空观为思想背景成立的；保唐是成都无住一系的禅，其思想行为颇为偏激，重视"识心见性"，建立"直指心地法门"。

但在禅宗史上，"南宗禅"无疑已成为慧能一系禅的代名词。慧能离弘忍南下，在岭南地区展开他的传教工作。不久，他的两个弟子以独特的方式分别在湖南、江西的僻壤之域埋头奋斗，逐渐形成势力，使当时其他各系禅显得黯然失色。这两股势力的进一步推进，便出现最富有特色的"五家禅"。具有戏剧色彩的是，当初为争夺南宗正统立下功劳，并取得"七祖"地位的神会在五家禅形成前后，已为行思、怀让的名字所取代。南宗正统法系中，没有了神会的名字，他被列入了旁系，并且门庭冷落。

广州光孝寺庭院

光孝寺原址是西汉南越王赵佗孙子赵建德的故居，三国时东吴的虞翻曾在此处讲学，宋绍兴年间始定名"敕赠光孝禅寺"。

南北禅宗的分歧是什么？

五祖弘忍之后，慧能与神秀各自传法，因宗教思想方面的分歧，遂形成南北对立。北宗的禅法注重「息妄修心」，循序渐进，比较规范化和程式化。无疑，这是一种强调渐修的禅。南宗的最大特色，是把整个修行程序都归结于「顿悟」一环。

南北禅宗根据如来藏佛性学说，一致认为，人人都有妄念、烦恼，清净佛性为烦恼所覆蔽，因而必须通过修行，去除烦恼尘垢，发现佛性，觉悟成佛。慧能说："世人性净，犹如青天"，因"妄念浮云盖覆，自性不能明"。（敦煌本《坛经》）其弟子神会也说："无明与佛性，俱是自然而生"；"烦恼与佛性，一时而有。"（《神会语录》）北宗也认为，"众生虽本来佛性，而无始无明覆之不见，故轮回生死"（《禅源诸诠集都序》）。但是，在如何去除烦恼、如何修行的问题上则存在着矛盾和分歧。据《坛经》载，神秀和慧能各有一首阐述自己禅学见解的诗偈。神秀的偈说："身是菩提树，心如明镜台，时时勤拂拭，莫使惹尘埃。"慧能的偈说："菩提本无树，明镜亦非台，佛性常清净，何处惹尘埃！"一般认为，这两个偈说明他们之间的分歧所在。神秀认为，佛性人皆具有，但为客尘所障，所以要时时拂拭，不断修习，成佛才有可能。慧能则提出，心性本净，本来是佛，不必经过繁复形式的修习便可进入佛的境界。

张说《大通禅师碑》说，神秀"其开法大略，则专念以息想，极力以摄心。其入也，品均凡圣；其到也，行至前后。趣定之前，万缘尽闭；发慧之后，一切皆如。特奉《楞伽》，递为心要"。这是说，神秀禅师以《楞伽经》学说为背景，在禅观中实行"摄心"、"息心"，摒弃一切情欲和对世界现象所持的生灭有无观念，达到与"真如"相应的精神状态。神会进而把神秀及其弟子普寂的北宗禅法归结为"凝心入定，住心看净，起心外照，摄心内证"（《南宗定是非论》）16个字。

慧能从般若的观点指出，神秀的禅法仍然执著名相，并非彻底。慧能诗偈否认客观世界有差别存在，因而也就不承认断恶去染即"拂尘"的必要性。

慧能否定神秀传统形式的坐

禅,并对"禅"作了全新的解释,说:"此法门中,何名坐禅?此法门中,一切无碍,外于一切境界上念不起为坐,见本性不乱为禅。何名为禅定?外离相曰禅,内不乱曰定。"(敦煌本《坛经》)

所谓"顿悟",指无需准备,不用积累而突然达到佛的精神境界,慧能说:"一切万法,尽在自身中。何不从于自心,顿现真如本性!""今学道者顿悟菩提,令自本性顿悟";"一念若悟,即众生是佛。"(敦煌本《坛经》)神会进一步宣传和发扬这一"顿悟"说,认为"正觉"(觉悟)是在"一念"之间实现的,所以是"单刀直入,直了见性"(《南宗定是非论》)。北宗虽然并不反对一般意义上的"顿悟",但神秀他们依据传统禅法,仅把"顿悟"当做整个修行程序中的一个环节,这个环节须以长期渐修积累为条件。而慧能开创的南宗禅则极力强调顿悟的必要性和可行性,把它作为修行的唯一环节把握,虽然它事实上也不放弃渐修。所以南宗禅突出了成佛的境界,把佛教修行引导入活泼、生动、不拘程式的路途,与日常生活形成有效的结合。

达摩坐禅图

"两京法主，三帝门师"指谁？

中国禅宗史上，有一位被誉为"两京法主，三帝门师"的禅僧，他就是北宗的代表人物神秀。

神秀（约606～706），俗姓李，汴州尉氏（今属河南）人。少年时遍览经史，博学多闻，隋末出家为僧。后来到蕲州黄梅东山寺见弘忍，开始以打柴提水等杂役服劳六年，渐被弘忍器重，命为上座，并令为"教授师"。辞别弘忍后，退回荆州当阳玉泉山隐居。弘忍去世后，他在玉泉寺大开禅法，宣传楞伽师渐修法门。当时，"就者成都，学者如市"，以至"庵庐雁行于丘埠"，可见四面八方从学的人很多，影响已不小。武则天听到他的盛名，令他入京行道，并于武周久视元年（700）遣使迎请。当时神秀已年过90，既诏请而来，便给予极高待遇。据张说《大通禅师碑》说，神秀入京时受到朝廷隆重接待，武则天不计君臣之别，亲加跪礼迎请。他被安置于内道场供养，武后经常向他问道，并命在当阳山置度门寺，以表彰他的道德。当时王公以下及京都士庶，闻风争来谒见的，望尘拜伏，日以万计。中宗即位，对他更加礼敬。于是，"遂推为两京法主，三帝门师"（张说碑文）。"两京"指西京长安和东都洛阳，"三帝"指武则天、中宗和睿宗。这一称号，足见神秀在佛教界的权势和地位。

神秀去世时已有100多岁，唐中宗为之送葬至洛阳午桥，并下诏于嵩阳之辅山顶为之造十三级浮屠。神秀大弟子普寂，俗姓冯，蒲州河东人。中宗闻神秀年高，特下制令普寂代其统领法众；神秀去

✿皇泽寺则天殿武后石像

世后，北方地区信仰佛教的都师事他。普寂后来又受玄宗礼遇，敕于都城居住，传教20余年，"时王公士庶，竞来礼谒"。神秀去世，唐中宗即赐谥曰"大通禅师"，这是佛教史上空前的事。神秀弟子义福去世，被谥"大智禅师"；普寂去世，被谥"大照禅师"。他们生前身后都享有很高荣誉。

神秀、普寂之世，以两京为基础，其禅法传遍大半个中国，号称"北宗门下，势力连天"。相比之下，同时代的慧能则尚局限于岭南一隅；在慧能去世后20年中，其禅法也还默默无闻。故宗密说："能大师灭后二十年中，曹溪顿旨，沉废于荆吴；嵩岳渐门，炽盛于秦洛。普寂禅师，秀弟子也，谬称七祖。二京法主，三帝门师；朝臣归崇，敕使监卫。雄雄若是，谁敢当冲？"（《圆觉经略疏钞》卷4）若据此说，

龙门石窟的卢舍那大佛

卢舍那大佛是龙门石窟中艺术成就最高、规模最大的佛像，武则天一生崇佛，北宗禅在武则天时代达至鼎盛，据说卢舍那大佛就是以武则天的形象塑造的。

所谓"两京法主，三帝门师"之称，不只是单指神秀一人，而同时包括了他的弟子普寂以及义福，这两代北宗禅师并受宫廷礼遇，获得极高政治地位，他们的禅法在半个多世纪内影响极为广泛，三人统而论之似乎更为确切。

何谓"楞伽师"？

从达摩到弘忍，还没有正式以"禅宗"作为自己宗派的名称。这一时期，主要依持四卷本《楞伽经》，以此递相传授。所以，《楞伽师资记》把这五代（以及第六代神秀）禅师列为"楞伽师"。人们把这五代禅师（以及神秀）称之为"楞伽师"，把禅宗成立之前的这段禅学历史称为"楞伽师承时期"。

达摩当初来华传播印度大乘禅法，提出要"藉教悟宗"。这"教"乃是指四卷本《楞伽经》，所谓"宗"则指《楞伽经》所说的"自宗通"。达摩认为，自觉圣智的自证（内证）要依"教"去悟入，故谓"藉教悟宗"。毫无疑问，达摩本人是以《楞伽经》为所依经典的。《楞伽师资记》说："弟子昙林记师言行，集成一卷，名之《达摩论》也，菩提师又为坐禅众释《楞伽》要义一卷，有十二三纸，亦名《达摩论》也。"后来达摩便以这四卷《楞伽》授弟子慧可，并声称，"我观汉地，惟有此经，仁者依行，自得度世"。而慧可也"使那、满等师常赉四卷《楞伽》以为心要，随说随行，不爽遗委"（《续高僧传》卷19）。按照达摩的要求，坚持以《楞伽》传承。慧可对《楞伽经》采取的是自由解释的态度，不拘文字，专附玄理。慧可的弟子们也十分重视《楞伽经》的研习："（法）冲以《楞伽》奥典沈沦日久，所在追访无惮夷险。令可师后裔盛习此经，即依师学屡击大节。便舍徒众任冲转教，即相续讲三十余遍。又遇可师亲传授者，依南天竺一乘宗讲之，又得百遍。……冲公自从经术，专以《楞伽》命家，前后敷弘将二百遍。"（《续高僧传》卷25）

历史上有关僧璨是否实有其人的问题颇有争议，但根据《续高僧传》、《传法宝记》、《历代法宝记》、《楞伽师资记》以及《法如行状》、《大通禅师碑》等资料分析，僧璨应是历史人物，并且至少在7世纪末，达摩、慧可、僧璨、道信、弘忍五代的传承已得到普遍认可。僧璨承慧可后继续持《楞伽》以为心要，但他"口说玄理，不出文记"，"萧然静坐"（《楞伽师资记》）。

道信和弘忍建立起"东山法门"，把楞伽师说向前推进了一大步。道信承认，"说我此法，要依《楞伽经》，诸佛心第一"，坚持把立足点放在《楞伽经》，以藉教悟宗，"内外相称，理行不相违"。弘忍在原

则上也仍然以《楞伽经》为所依经典,《楞伽师资记》载,弘忍以"《楞伽》义"开示门徒,说:"我与神秀论《楞伽经》,玄理通快、必多利益。"敦煌本《坛经》又有如下记述:弘忍于天明时,唤卢供奉来南廊下画《楞伽》变相,但后因看到慧能的诗偈,乃放弃此举。因此,道信、弘忍也还是继承达摩以来的传统,以《楞伽经》为基本经典,只是在此同时已显现出向《金刚经》逐步转移的趋势。

禅宗史上的"北宗",严格地说,仍是楞伽禅学的继续。神秀自称禀受"东山法门",其禅法仍具"持奉《楞伽》,递为心要"的特色,弘忍弟子之一的玄赜为宣传楞伽师系统的禅学,特撰《楞伽人法志》。玄赜弟子净觉在此基础上更撰《楞伽师资记》,列出了一个楞伽师资的世系表,该世系不仅以神秀为楞伽师的传人,且将其弟子普寂、景贤、义福等也视为楞伽师的后代。这是有道理的。

有人把禅宗成立之前的楞伽师承时期看做"楞伽宗"的历史,认为"从达摩以至神秀,都是正统的楞伽宗"(胡适《楞伽宗考》),这实际上是一种误会。历史上根本不存在所谓的"楞伽宗"。

❀湖北黄梅五祖禅寺大殿
是中国禅宗五祖弘忍的道场,也是六祖慧能得法受衣钵之地,历史上曾御赐为"天下祖庭"。

研究楞伽师学说的主要著作有哪些？

过去对达摩禅和楞伽师的了解，主要依据洪州禅马祖道一门下的传说，具有很大的片面性和局限性。从20世纪初开始，由于从敦煌遗书中陆续发现若干禅宗文献，使得人们对这一时期禅学的研究大大深入，逐渐接近真实。

在敦煌禅籍中，有不少冠以菩提达摩之名的文献，但经学者们分析研究，真正属于达摩的著作大约只有《二入四行论》（由达摩本人口述、弟子记述）中的一部分。"二入"，指理入、行入；"理入"指从禅理上悟入。"四行"指"二入"中的"行入"，意谓通过禅的实践获得解脱。"四行"是：报怨行、随缘行、无所求行、称法行；前三行是"顺物"，是"防护讥嫌"，是对众苦的修持，"称法行"是指以"无所得为方便"而行大乘六度。

有关弘忍的思想，据说有《修心要论》（或题《最上乘论》）1卷。但一般认为，这一卷实际上是弘忍弟子的集记，重点记述了东山法门的某些禅学主张，如"守心第一"，"但了然守真心，妄念云尽，……譬如磨镜，尘尽自然见性"。

神秀的著作有《观心论》1卷和《大乘无生方便门》1卷。《观心论》主张"唯观心一法，总摄万行，最为省要"；认为世界万物唯心所生，所以须以坐禅观心对治"邪迷"，达到"了心"、"无心"境地，便实现解脱。《大乘无生方便门》又名《大乘五方便北宗》，主要内容是通过"方便通经"，发挥大乘"总彰佛体"、"开智慧"、"显不思议"、"明诸法正性"、"了无异"五门，主张"净心"、"离念"、"看心"，提出"一念净心，顿超佛地"。

敦煌遗书中有唐代杜朏于开元初（713）所撰的《传法宝记并序》1卷。这一卷记述了达摩、慧可、僧粲、道信、弘忍、法如、神秀的略传及禅法思想，其特色是以法如

为弘忍的传法弟子,并明确指出自达摩至僧粲以《楞伽经》相传授,而在达摩略传的注文中则批评了"壁观及四行",认为那只是"当时权化,一隅之说",故"非至论也"。

由弘忍再传弟子净觉约于公元720年所撰的《楞伽师资记》记载了以《楞伽经》为禅法宗旨的8代13人的思想,他们是:求那跋陀罗、菩提达摩、慧可、僧粲、道信、弘忍和神秀、玄赜、慧安以及普寂、义福、景贤、惠福。"师资",意即老师和弟子;《楞伽师资记》,就是以《楞伽经》为递相传承的一批师、弟子们的思想记录。其中载录了道信《入道安心要方便法门》的主要

❀ 唐代绘有达摩渡海图案的纹镜

内容。因为求那跋陀罗是《楞伽经》的译者,所以作者把他视为初祖,以体现《楞伽经》在这一系统的崇高地位。

《历代法宝记》1卷是成都保唐寺无住弟子编撰的,宣传以保唐寺为中心的禅系的史书(约成书于760)。该书主要记述了弘忍门下资州智诜系的传承,这就是:智诜传处寂,处寂传无相,无相传无住。在此之前,也叙述了达摩至慧能这6代大师的有关思想。

❀ **达摩六代祖师像卷 明 戴进**

设色画佛教禅宗六代祖师的形象,计有初祖达摩,二祖慧可,三祖僧璨,四祖道信,五祖弘忍,六祖慧能。

牛头禅有什么特色？

牛头禅是指四祖道信的弟子法融系统的禅学。因法融长住今南京西南的牛头山，故名。

在现存资料中，最早提到道信传法融的，是李华所撰《润州鹤林寺故径山大师碑铭》。其中说："信门人达者，曰融大师，居牛头山，得自然智慧。信大师就而证之。……融授岩大师，岩授方大师，方授持大师，持授威大师。"据刘禹锡《牛头山第一祖融大师新塔记》，道信传法于法融，当在贞观年间，并说："贞观中，双峰（道信）过江，望牛头，顿锡曰'此山有道气，宜有得之者'。乃东，果与大师相遇，性合神契，至于无言，同跻智地，密付真印，揭立江左。名闻九围，学徒百千，如水归海。"法融与道宣属同时代人，道宣在《续高僧传》中对法融有详细记载，说他姓韦，润州延陵（今江苏丹阳）人，年19入茅山依三论炅法师，"乃凝心宴默于空静林，二十年中专精匪懈，遂大入妙门，百八总持乐说无尽"。贞观十七年（643），于牛头山幽栖寺北岩下别立茅茨禅室。但道宣并未提到法融与道信的关系。所以，道信旁出牛头并确立由法融传智岩、智岩传慧方、慧方传法持、法持传智威、智威传慧忠的牛头宗

❀ 天下祖庭五祖寺山门

传承系统，并无确凿的事实依据。但法融其人及其禅学的存在却是事实。

牛头禅是根植于般若空观的一个禅学派别，《绝观论》和《心铭》代表了牛头禅（法融）的早期思想。宗密《禅门师资承袭图》说，法融"先因多年穷究诸部般若之教，已悟诸法本空，迷情妄执。后遇四祖，印其所解空理，然于空处显示不空妙性故。不俟久学，而悟解洞明"。又述牛头"宗意"是："体诸法如梦，本来无事，心境本寂，非今始空。迷之为有，即见荣枯贵贱等事；事迹既有相，违相顺故，生爱恶等情；情生则诸苦所系，梦作梦受，何损何益。有此能了之智，亦如梦心，乃至设有一法过于涅槃，亦如梦如幻。既达本来无事，理宜丧己忘情，情忘即绝苦因，方度一切苦厄。"大意是，牛头禅以般若思想为背景，达到世界万物以及社会人生如梦如幻的认识，在此基础上"丧己忘情"，超脱苦难，获得解脱。

法融像
（594～657）唐代禅僧。为牛头宗之开山祖，世称"牛头法融"。

牛头禅因发育于三论宗和南朝玄学发达的地区，所以受两者的影响很大。法融《绝观论》以"大道冲虚幽寂"开端，立"虚空为道本"，认为"观身实相，观佛亦然，……实相者，即空相也"。法融又认为，"无心合道"、"无心用功"，因为"道"是超越心、物的本体，只能以直观体悟。这与庄子神秘主义以及玄学得意忘言之说相通。禅法上，法融重"无心绝观"或"绝观忘守"，认为"无念即无心，无心即真道"，故以"丧我忘情为修"，这很不同于东山法门的坐禅观心，却与玄学思想关系甚深。

受南方佛学影响，牛头禅提出"道遍无情"、"无情成佛"的观点。三论大师吉藏在《大乘玄论》中说，"若众生成佛时，一切草木亦得成佛"。后来天台中兴者湛然则直接提出"无情有性说"。而"青青翠竹尽是法身，郁郁黄花无非般若"一联则表现出牛头禅的特色。

可以认为，在禅的中国化过程中，牛头禅起过重要作用（主要在老庄化、玄学化方面）。

"风幡之议"说明了什么?

"风幡之议"并不见于敦煌本《坛经》,但最早已在《历代法宝记》和《曹溪大师别传》中有记载,时距慧能去世约半个多世纪。在《坛经》的其他版本中则都有记载。笔者认为,如果我们用慧能的佛教思想加以对照,"风幡之议"应该说实有其事。

据禅宗史籍记载,弘忍在将"正法"和"衣钵"交付慧能后,命慧能南下暂避,待时行化。慧能回到广东曹溪后,隐遁于四会、怀集两县间,与猎人为伍。十余年后,来到广州法性寺。当时正遇印宗法师讲《涅槃经》,其门人为悬挂在外的幡为什么会摇动而争论不休。一个说:"幡是没有生命的东西('无情')它自己不能动,由于有了风它才动。"另一个说:"风和幡都是没有生命的东西,怎么会动呢?"第三个说:"幡是因缘和合而成的东西,所以它的动是因缘和合之动。"第四个说:"幡并没有动,是风自己在动。"慧能听到这里,忍不住便插了嘴,对他们说:"既不是风动,也不是幡动,而是你们诸位的心在动罢了。"众僧听后十分诧异。第二天,印宗法师便延请慧能,当得知他是弘忍弟子时,更加礼敬备至。

慧能,俗姓卢,广东新州人,幼年丧父,移居南海,因家境艰辛贫寒,靠卖柴养母度日。据说有一天去市上卖柴,在客店中见有人正读《金刚经》,慧能一听,便有所领会。他就问道:"这部经典从何处得来?"客人告诉他:"我在蕲州黄梅礼拜五祖弘忍,听他劝说道俗,只要诵读《金刚经》一卷,便可见性,迅速成佛。"慧能回家,安顿好母亲,便奔湖北投弘忍门下。这一事实说明,慧能与《金刚经》之间有不解之缘。《金刚经》的中心是讲"空",以为世界万有只是一念"心"的产物。我们业已知道,从道信开始已经接受般若思想的影响,所以至慧能时《金刚经》地位进一步上升也是很自然的事。慧能佛教思想突出的一点,便是强调自心,如他说:"故知一切万法,尽在自身心中。何不从于自心,顿现真如本性!"(敦煌本《坛经》)这里意思是说,世间一切万有,尽由自心变幻而生;自心等同于佛性,认识了自心,也便是成佛的时候。这一思想不仅与《金刚经》一致,

而且也与"风幡之议"、听《金刚经》得悟等事件有联系。

"风幡之议"中,慧能在否定了风动、幡动等观点后,明确提出"心动"之说,从而把全部问题的实质归结于"自心",这表明他已把"东山法门"加以大大发展了,具有鲜明特色的新的禅学已经成熟。达摩禅主要体现为客观唯心主义思想,"东山法门"由于般若思想的作用,已有向主观唯心主义发展的趋势,慧能突出《金刚经》地位,其主观唯心主义色彩更为明显。

❀ 广州光孝寺瘗发塔

相传慧能在菩提树下削发具戒,公开宣扬他的顿悟宗旨。随后释法才将六祖头发瘗藏树旁,并募缘为之建塔,故名瘗发塔。

慧能「顿悟」说出自道生吗？

在慧能创立「顿悟」说之前约300年，已有竺道生提倡「人人皆有佛性」说和「顿悟成佛」说。所以，长期以来，人们通常习惯于把慧能的「顿悟」说与道生的「顿悟」说联系起来，或认为慧能「直接继承」了道生的「顿悟」思想，或认为道生学说实为「禅宗的渊源」。

从佛学的流传看，我们不否认前代学说对后代思想所造成的影响，也不否认两种"顿悟"说在形式上极为相近，在内容上有某种类似。但若破除成见，便不难发现，两种"顿悟"说无论在历史背景、思想渊源以及具体内容方面都有重大的歧异，它们之间并无直接的渊源和继承关系。

道生和慧能生活于不同的历史时期，他们的"顿悟"说乃是不同时期社会生活的产物。道生所提倡的"顿悟成佛"说与东晋后期、南朝刘宋初年的门阀士族经济、门阀士族统治下的官方哲学玄学有着密不可分的本质联系。道生投身于东晋南朝佛教义学的浪潮，积极为社会上层分子设计他们所需的佛学理论。所以，他的学说发表后，受到门阀士族的热诚欢迎、顶礼赞叹。隋文帝即位后，以科举取士制替代曹魏以来的九品中正制，一定程度上限制了士族势力。唐太宗为拉拢地主阶级，巩固以唐宗室和功臣为主的统治集团，命撰《氏族志》。这一措施，有效地降低了士族的威望。武则天参与国政，改修《姓氏录》，以后族为第一等，其余以仕唐官品的高下为准，在她执政期间，大量引用庶族

五祖寺通天门

五祖寺采用廊院式布局，并非一般禅寺沿中轴线对称的形式，庭院错落有致。

地主，打击旧士族势力。士族虽然还拥有相当的社会影响和政治、经济力量，但实际上已开始走向衰落。伴随着这一士族衰落的历史趋势，在佛教鼎盛背后，已孕育着内在危机，有必要进行彻底的改革，于是慧能的"顿悟成佛"说脱颖而出。从这时起，中国佛教进入了一个深刻反省的时期。道生的"顿悟"，是一种经院式义学僧的理论体现，是从当时佛学派别的角度提出来的，是门阀士族经济的产物；慧能的"顿悟"，则是从禅的实践角度，以佛教宗派的形式加以表现，具有与生活日用密切结合的特点，反映了门阀士族制度渐趋衰落时佛教改革的基本趋势。

　　道生的佛教思想是在充分肯定印度经典的基础上建立起来的，是对佛经的"慧解"、"研思"的结果，虽然他采取了不死守文句的方法，得出大胆的结论，但他始终没有背离佛经的基本精神，"顿悟"论便是在"校阅真俗，研思因果"的基础上获得的。与传统佛教依靠他力求得解脱的信仰相反，慧能在中国佛教中另立只信仰自力、仅依借个人主观觉悟、毋须引经据典的一派。慧能的"顿悟"禅是在对印度经典无情排斥的基础上成立的。从道生的"顿悟"难以引出佛教中国化的结论，但由慧能的"顿悟"却可看到佛教中国化的趋势；从道生的"顿悟"无法摆脱经疏章句的桎梏和对印度佛祖、佛经的崇拜，由慧能的"顿悟"却可导致呵佛骂祖、焚烧佛像、毁辱经典的"离经叛道"行为。

　　在"顿悟"说的具体内容上，道生和慧能也有重大分歧。道生的"大顿悟"是在对支道林等人"小顿悟"学说批判吸收的过程中发展起来的，它否定了顿悟的阶段性，但继承了"理不可分"的理论依据。因此，道生在提倡"顿悟"的同时，大力宣传了"见理"、"明理"的重要性，以为这是去烦恼、除情垢、最后成佛的根本途径。为此，他还提出"积学无限"的观点，把"积学"（长期的佛学修养）作为最后"不容阶级"而"顿悟"的先决条件。与此相反，禅宗在解脱论上，强调"心生一切法生，心灭一切法灭"，把宇宙万物归结为心的产物。禅宗的"顿悟"，主要在这一心上下工夫，以心为迷悟的关键。所以慧能的"顿悟"，容不得"见理"、"明理"。慧能不承认一般意义上的认识活动，有意排除概念、判断、推理、论证等思维活动和表达方式，以对自心佛性的直觉代替对"理"的认识。

"顿悟成佛"的宗教意义何在？

慧能佛教思想于后世影响最深远的是"顿悟成佛"说。"顿悟成佛"的意思是，无须长期的修习，只要突然顿悟自己本有佛性，便是成佛之时。

慧能认为，"迷来经累劫，悟则刹那间"；"前念迷即凡，后念悟即佛"。又认为，"一念愚即般若绝，一念智即般若生"。就是说，成佛只是在刹那（"一念"）之间。他还用自己的经验现身说法，说："我于忍和尚处，一闻言下大悟，顿见真如佛性。"声称自己就是顿悟成佛的。他进而认为，"顿悟"是成佛的唯一途径，说："若悟无生顿法，且西方只在刹那；不悟顿教大乘，念佛往生路遥，如何得达？"（敦煌本《坛经》）领悟顿悟法门，西方极乐世界就在眼前；不领悟顿悟法门，即使长年念佛修习，也难以抵达彼岸。

慧能"顿悟"说是以"心性本觉"思想为背景的。所谓"本觉"，是指众生本来觉悟，本来是佛，因而"顿悟"不只是可能，而已成为现实的问题，就看你是否刹那体认。慧能说："自色身中，邪见烦恼，愚痴迷妄，自有本觉性。"（敦煌本《坛经》）众生即使陷入烦恼迷妄，但仍然不失本觉佛性。只因众生本觉，所以"举足举手，长在道场；是心是情，同归性海"（王维《六祖碑铭》）。在日常生活的任何领域，都有顿悟成佛的机会。为此，"放下屠刀，立地成佛"之说后来便成为禅宗对外宣传的重要口号。

慧能的顿悟成佛说，指出的是一条简捷方便的成佛道路，具有十分深远的宗教意义。

❁ 疯僧图

禅宗强调"自性"即"佛性"，因此，个性张扬成为禅宗独特的风格。疯癫这种极度张扬个性的举动被视为破除"理障"的表现。

✻ 《四阿罗汉图》 现代 吕凤子

既然成佛只在一念之间，只是对"自有本觉性"的刹那直觉体悟，那么传统佛教所主张的读经、念佛、坐禅等一系列修习功夫，也就失去了它们的实际意义。传统佛教重视诵经，慧能却主张不立文字，"当令自悟"；传统佛教提倡布施、造寺等功德行为，慧能却视之为"修福"而非"功德"，竭力反对；传统佛教主张念佛往生西天，慧能则指出，"心起不净之心，念佛往生难到"，"迷人念佛生彼，悟者自净其心"，念佛不能成佛；传统佛教强调坐禅用功，慧能却以为坐禅是"一具臭骨头"，提出"一切时中，行、住、坐、卧，常行直心"这一禅的新观念；传统佛教鼓励出家修行，慧能却认为，"若欲修行，在家亦得，不由在寺"。可见，慧能禅宗的创立及其顿悟成佛说的提倡在中国佛教史上是一个根本性的变化。

慧能"顿悟成佛"说的提出，大大缩短了尘世与净土、此岸与彼岸的距离，反映了宗教家面向社会的又一尝试。它既迎合了新兴官僚集团及士大夫的宗教需要，同时又为下层劳动群众提供了信佛的方便。为此，它不仅受到佛教僧侣的真诚欢迎，而且也受到社会广大民众的热情支持。禅宗后来的迅速发展，与此不无关系。由于"顿悟"说的根本目的仍在成佛，是要加快成佛的步伐和进程，所以它在否定传统意义的坐禅的同时却又扩大了禅的范围。由此可知，它的宗教效果更为明显。

为什么说慧能的禅宗体现了佛教的中国化?

慧能创立禅宗是中国佛教的一次重大革新,它使佛教沿着中国化的方向迈出了实质性的一步。

外来的佛教要在中国这块土地上传播和发展,就必须使自己的教义适应中国文化的传统,这就是我们通常所说的佛教中国化。佛教中国化是一个历史过程。东汉三国时期是佛教在中国的初传时期,人们对佛教了解甚少,所以把它看成社会上流行的神仙道术的一种。魏晋时期玄学盛行,以般若学说为基本内容的大乘空宗因在思想上与玄学有相似之处,故得以迅速传播,而佛教学者则多用老庄玄学思想来解释佛教教义,迎合当时上层社会的需要。南北朝时期,佛教和传统文化进一步融合,并随着佛教的发展,出现许多以研究某一经典为中心的学派,如涅槃、成实、三论、毗昙、地论、摄论、楞伽等。这些学派的成立,为隋唐时期佛教宗派的相继创立提供了思想理论基础。禅宗是隋唐众多佛教宗派之一,与其他各宗相比,带有更多民族特色,它把佛教的中国化推进了一大步。

佛教自传入中国,数百年内,佛祖释迦牟尼及其他诸佛始终具有神圣威严的地位,但慧能却把自心与佛性等同,把成佛视为顿悟自身本具佛性,从而有力地破除了对"西方"的迷信和对"佛祖"的崇拜。慧能说:"东方人造罪,念佛求生西方;西方人造罪,念佛求生何国?"(敦煌本《坛经》)顺着这一思想路子,慧能之后,禅宗提出"离经叛道"、"大胆怀疑"、"独立思考",对进一步摆脱印度佛教烦琐的神学理论和宗教仪礼都具有重要意义。

慧能禅宗的创立,破坏了佛教出家僧侣日常生活的本色,使他们与中国的生产方式和生活方式相适应,增强了禅宗自身的应变能力。印度佛教注重乞食苦行、诵经念佛,要求实行严格的宗教修行方式。早期楞伽师也还是过着一衣一钵的"头陀行"生活,慧能则提倡自由任运的生活方式,使禅僧的日常生活平民化、世俗化。慧能去世后不久,禅僧开始自给自足,靠劳作度日,"一日不作,一日不食"。这样就把中国古代小农经济的生产方式和生活方式,紧密地结合到僧众的生产方式和生活方式上来。这一变革使禅宗与中国的封建社会结构得到进一步协调,从而获得较强的生命力。

慧能禅宗在摆脱外来宗教束缚时,与中国传统思想结盟。庄子的虚无主义思想以及对精神自由的执著追求,玄学家的得意忘言理论以及旷达放荡、纯任自然、蔑视礼法的性格,都对慧能及其子孙产生过重大影响。慧能以为人人都有本觉之性的佛性论与儒家关于人皆可以为尧舜的性善论有相似之处。在慧能之后,禅宗进一步向儒家靠拢,竭力与儒家以孝悌为人之本的封建伦理学说相调和,创作大量论孝的著作,出现一批引人注目的"孝僧"。

❀ 广州光孝寺六祖殿

《楞伽经》有哪些重要思想？

《楞伽经》先后曾有三种译本。一是刘宋求那跋陀罗译，题为《楞伽阿跋多罗宝经》，4卷；二是北魏菩提流支译，题为《入楞伽经》，10卷；三是唐实叉难陀译，题为《大乘入楞伽经》，7卷。其中，刘宋译本最早，影响也最广，是楞伽师所依的基本经典。

"楞伽"，山名；"阿跋多罗"，"入"的意思。经名谓佛入楞伽山所说的宝经。四卷本《楞伽经》思想内容复杂，包含着几个不同体系，因而它不仅为楞伽师奉持，而且也为后来的法相宗（唯识宗）等重视。

《楞伽经》首卷，明确提出"三界唯心"的命题，这一命题后来成为唯识法相宗的根本思想。《成唯识论》（卷7）说，三界唯心的提出，"能随悟入唯识无境"。《楞伽经》根据"三界唯心"的立说，又指出"五法、三自性及与八神识，二种无有我"的大乘思想，这也成为后来唯识宗学说的基本内容。"五法"，指事物、概念、思维、真理、智慧；"三自性"指妄想自性、缘起自性、成自性，唯识宗把它们修改为"遍计执自性"、"依他起自性"、"圆成实自性"。《楞伽经》"八识"学说曾在唯识宗那里得到充分的发挥。"二无我"指人无我、法无我，是大乘基本思想。

《楞伽经》的另一重要内容是"如来藏"学说。"如来藏"意谓一切众生藏有本来清净的如来法身，也即佛性。《楞伽经》认为，如来藏自性清净，但由于它为无始以来的虚伪恶习所熏而名为"识藏"，所以它"虽自性清净，客尘所覆故，犹见不净"。这一"如来藏"思想对达摩禅具有重要启发意义，达摩禅的理论根据是"深信含生同一真性，客尘覆故，令舍伪归真"。"同一真性"，便是指如来藏佛性，因为它常为客尘所覆，所以要修习壁观，达到去"客尘"（"舍伪"）而见清净佛性（"归真"）的目的。可以说，如来藏思想不仅影响了楞伽师，而且也影响了整部禅宗史。

《楞伽经》之所以为楞伽师视为至宝，还因为在经中以很大篇幅谈到禅。

据《楞伽经》说，禅有四种，即愚夫所行禅、观察义禅、攀缘如禅、如来禅。"愚夫所行禅"指只观"人无我"的禅，是最低一级的禅；

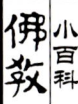

❀ 甘肃敦煌莫高窟《大般涅槃经》第六如来性品

该经长3.32米，宽约0.28米，共190行。《大般涅槃经》亦称《大本涅槃经》或《大涅槃经》，简称《涅槃经》。北凉昙无谶译。40卷。此经传入中国后，影响甚大。

"愚夫"谓声闻、缘觉二乘及外道。"观察义禅"指由观"人无我"进而观"法无我"的禅，比前者有所进步。"攀缘如禅"指观"二无我"而又不作"二无我妄想"；"攀缘"意谓接近，"如"即真如。"如来禅"指已悟入了如来境界的最高一级的禅，它相当于宗密所述达摩门下辗转相传的"最上乘禅"。

《楞伽经》论说禅的另一内容是"宗通"思想。所谓"宗通"，就是重在理悟、内证，远离言说、文字、妄想，强调依靠自身的自修、自悟、自证，完成"自觉圣境"。这一思想也是楞伽师禅学的重要依据。后来禅宗还根据《楞伽经》所说"宗通"与"说通"的区别，把佛教分成两大部类，一为"宗门"即禅宗，二为"教下"即禅宗以外的所有注重讲解经教的各个宗派。

《楞伽经》又论及顿、渐问题。认为要彻底清除烦恼（所谓"自心现流"），其方法属于"渐"而不属于"顿"，并作了四个比喻。但同时又认为，清除烦恼、达到成佛境界可以"顿照"、"顿显"，也举例予以说明。《楞伽经》这一内容相反的顿渐说，对后来南北禅宗的分裂，影响十分深远。

《金刚经》是怎样一部佛经？

《金刚经》，全称《金刚般若波罗蜜经》，这一卷经前后共有6种译本，最通行的是鸠摩罗什的译本，全文计5200余字。《金刚经》之所以重要，因为它体现了600卷《大般若经》的中心思想。

《金刚经》最突出的一点，是它宣扬了世界一切事物空幻不实的大乘般若空宗思想。经中说："凡所有相皆是虚妄，若见诸相非相，即见如来"；"是实相者，即是非相。""相"，事物的相状；"实相"，事物的真实相状。意思是说，凡有相状（现象）的一切事物，其本质都是虚妄的、空幻不实的，它所表

❀ 金刚般若波罗蜜经

鸠摩罗什译，大理国写本，存一卷，卷轴装。

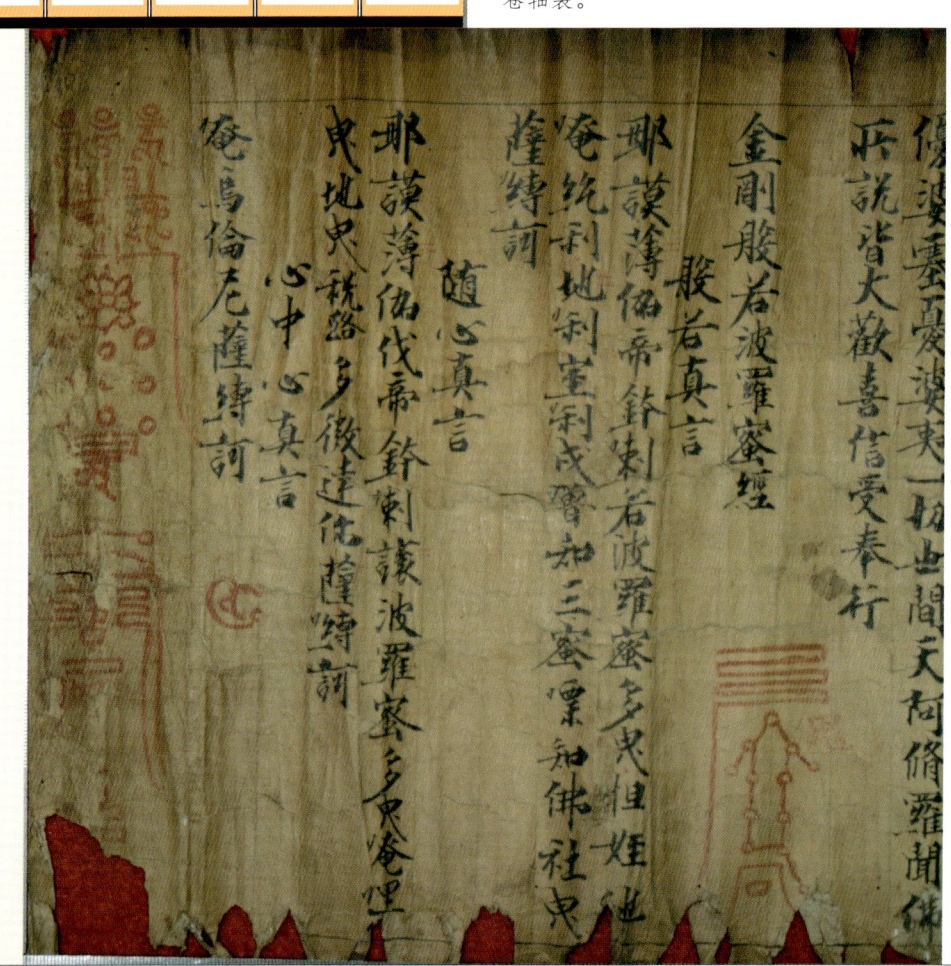

现的只是假象，并非真实，真实的相状是空、非相；如果能达到这样的认识，便已经到了成佛的时候。又说："若菩萨有我相、人相、众生相、寿者相，即非菩萨。"这就是说，人若想成为菩萨，就必须断绝自身的欲望（我相），断绝一切社会关系（人相），断绝对尘世的留恋（众生相）和对长寿的希求（寿者相），也就是要否定人作为人的一切。所以进而说："离一切相，即名诸佛。"要成佛就首先得领会般若性空的道理。

辽代白瓷制摩诃迦叶像。摩诃迦叶为佛陀十大弟子之一，有"头陀第一"之称。

《金刚经》又反复强调说："应生无所住心"，"应无所住而生其心"。意思是说，心不应执著于任何事相，对外界的一切现象既不着念，也不受其影响。这一思想在《坛经》中体现为"无住为本"说。敦煌本《坛经》说："无住者，为人本性念念不住，前念、今念、后念，念念相续，无有断绝；若一念断绝，法身即离色身。念念时中，于一切法上无住，一念若住，念念即住，名系缚；于一切上，念念不住，即无缚也。"无系缚的自由境界只有在对一切法无所执著时方能实现。

《金刚经》在彻底否定客观世界的同时，甚至还否定佛教徒所追求的佛法，说："无有定法如来可说"，"所谓佛法者即非佛法"，"说法者，无法可说是名说法"。认为佛并没有为后人留下什么特别的教说，如果人们执著于"佛法"，就难以成佛。

《金刚经》最后以一首四句偈概括其全部内容，这就是："一切有为法，如梦幻泡影，如露亦如电，应作如是观。"所谓"有为法"，泛指一切处于相互联系、生灭变化中的现象。在《金刚经》看来，世界上一切现象（包括物质的和精神的）都只是幻觉、梦想、泡沫、倒影、晨露和闪电一样，转瞬即逝，说明它们的本性是空。

正因为《金刚经》既简短易读，又思想清晰、前后一贯，所以很受广大佛教徒喜爱，在传播大乘般若空宗方面起过重要作用，隋唐之际则直接影响了禅宗思想的形成。

为什么《坛经》有多种本子？

记载六祖慧能全部说法内容而流传至今的最重要禅宗文献是《坛经》。"坛"指戒坛，"经"是指把自己的说法比作释迦牟尼所说的佛经那样予以编录；《坛经》，即广为道俗设坛授戒的慧能的说法集。

当初似乎只有慧能的入室弟子才被允许书写和传授《坛经》，随着禅宗的迅速繁荣发展，《坛经》作为祖师慧能的语录而得到广泛的流传，并且在内容上也发生了很大变化。据日本学者柳田圣山的研究，认为迄今为止已发现的《坛经》不下十几个本子，包括敦煌本、惠昕本（兴圣寺本、金山天宁寺本、大乘寺本）、德异本（高丽本）、宗宝本（明本）、曹溪原本等。另一日本学者宇井伯寿则曾指出《坛经》本子有将近20种之多。这些异本，其正文极不一致，有的地方表达的思想完全相反，甚至有的内容显而易见不是慧能的主张。《坛经》本子的歧异反映了各个不同时期禅宗思想的变化。

虽然《坛经》有十几种本子，但真正独立的、有代表性的，我们认为只有4种，它们是：敦煌本、惠昕本、契嵩本、宗宝本。

现存最古的敦煌本《坛经》是日本学者矢吹庆辉于1923年从伦敦大英博物馆收藏的敦煌文书中发现的，1928年校刊后收入《大正藏》，其影印本则收入《鸣沙余韵》一书中。敦煌本《坛经》的发现，揭开了近代禅宗史研究的序幕，具有重要学术价值。该本子全名为《南宗顿教最上大乘摩诃般若波罗蜜经六祖慧能大师于韶州大梵寺施法坛经一卷，兼受无相戒弘法弟子法海集记》。1943年北京大学向达教授到敦煌访查古写本，从当地名人任子宜收藏的写经中发现一册梵夹式蝶装本，上面抄有4部禅宗文献，其中之一便是《坛经》，约为五代或宋初的抄本。该本现收藏于敦煌博

各种版本的《坛经》

物馆，题目和内容与敦煌本相同。一般认为，敦煌本和敦煌博物馆本为同一系统，同出自完成于唐代中叶的《坛经》原本，原本为法海根据慧能的说法记录而成。

为了适应禅宗思想的发展变化，后世禅僧便借慧能之名，一再对《坛经》加以改编。晚唐僧人惠昕的改编本题为《六祖坛经》，该本所附的惠昕序文、契嵩《坛经赞》、郎简之序都直说了改编的原因是为了更好适合当时禅宗界的需要。该本分2卷11门，字数1.4万，比敦煌本增0.2万字。

契嵩改编本大约完成于1056年（北宋仁宗至和三），据郭朋先生考证，认为该本便是未署编撰人的《六祖大师法宝坛经曹溪原本》。1卷10品，2万余字。

宗宝改编本完成于1291年（元至元二十八），题《六祖大师法宝坛经》。1卷10品，2万余字。这是常见的流行本。

《坛经》为后人根据需要而加以改纂这一事实，早在8世纪中叶即慧能去世半个多世纪时就已出现，据《景德传灯录》（卷28）记

❀ 广州光孝寺菩提树

据传此树由梁代梵僧智药从印度引植而来，并立碑预言六祖慧能在此树下受戒弘法。目前此树仍枝繁叶茂，生机勃勃。

载，当年慧忠就曾慨叹说："吾比游方，多见此色，近尤盛矣。聚却三、五百众，目视云汉，云是南方宗旨。把它《坛经》改换，添糅鄙谭，削除圣意，惑乱后徒。"宗宝在他改编《坛经》的《跋》里承认，因见3种本子不同，"互有得失"，所以取而校雠，"讹者正之，略者详之，复增入弟子请益机缘"。

《坛经》的主要内容是什么？

《坛经》目前存世的主要有4种版本。在这4个本子中，敦煌本最接近于真实（虽也已有了某些改动），我们现在研究以慧能为中心的初期禅宗，主要依据敦煌本。

日本人铃木大拙在对敦煌本《坛经》研究的基础上，于1934年刊行了他校订的《敦煌出土六祖坛经》，将全书分为57节，分别加以标题，并撰文解说。这种分节方法目前较受学术界欢迎。第1节"序品"，是法海对慧能在韶州城内大梵寺说法盛况的叙述。2至11节系慧能自述身世、求法因缘、得法经过，以及得法后南返的情况。12至33节记录了大梵寺说法的内容，是为《坛经》的主体部分，反映慧能的基本思想。34至44节，记载慧能和弟子们的答问。45至47节，叙述慧能对其大弟子宣讲"三科"、"三十六对"法门。48至54节，系慧能临终前对弟子的嘱咐，55至56节，为法海讲述慧能去世后《坛经》的传承情况。57节，主要是法海对慧能的颂扬和礼赞。

《金刚经》卷首插画（局部）
描绘佛陀与弟子须菩提交谈的场景。此卷全长5米，宽2.7米，是世界上现存最早的雕版印刷品。1900年在敦煌莫高窟藏经洞发现，唐咸通九年（868）印刷，现藏英国大英图书馆。

据印顺法师《中国禅宗史》所言,《坛经》内容从大的方面看,应包括两个部分,一是大梵寺开法的记录,这是最可靠的资料,构成《坛经》主体;一是附属部分,即包括与弟子答问、临终嘱咐等。大梵寺说法的基本思想包括:定慧为本,一行三昧,无相为体、无念为宗、无住为本,顿悟菩提等。

慧能说:"我此法门,以定慧为本。第一勿迷言定慧别。定慧体一不二,即定是慧体,即慧是定用。即慧之时定在慧,即定之时慧在定。"(13节)这就是说,他把禅宗和般若智慧看做同一事物的两个方面;若有区别,只是主观分别的结果而已。这一思想旨在否定坐禅,引导顿悟实践。对"一行三昧",慧能有独特见解,即把它看成是"于一切时中,行住坐卧,常行直心"的内心自觉行为。所谓"无相"者,"于相而离相",离是不著的意思,无相就是不著于相(相,事物、事相)。所谓"无念"者,"于念而不念","于一切境上不染",就是不起杂念而保持正念,不染著于外境。所谓"无住"者,"于一切法上无住",无执著。无相为体、无念为宗、无住为本,重点在开示一种全新的修行方法,提倡直觉能力的自然发挥,

简化修行成佛的顺序、步骤,以般若之智悟见自心佛性,顿入佛地。"菩提",即智、觉,指对佛教"真理"的觉悟,"顿悟菩提"即刹那直觉自己所具的佛性。在慧能那里,自性佛性、般若之智和菩提之觉是一而三、三而一的概念,都为众生所有,本来具足,若刹那见得,"即烦恼是菩提",这是他"顿悟成佛"说的根本理论。

敦煌本《坛经》的一大特色是突出《金刚经》的位置,如:"五祖夜至三更,唤慧能堂内,说《金刚经》。慧能一闻,言下便悟。"这就意味着弘忍以《金刚经》来启发慧能,意味着以《金刚经》为顿悟法门的宗经。慧能后来声称:"但持《金刚般若波罗蜜经》一卷,即得见性入般若三昧。"这与《曹溪大师别传》(约于慧能去世后70年撰写)强调《涅槃经》的佛性思想似乎不很一致。但我们仔细考察敦煌本《坛经》,它的顿悟思想仍然没有离开佛性论。所以从契嵩本开始,就把敦煌本《坛经》和《曹溪大师别传》的思想加以融合统一,这也并非毫无道理。我们认为,各种本子的《坛经》各有自己的史料价值,只是在使用时应有所选择,善于分析对待。

神会对禅宗的贡献如何？

神会，俗姓高，湖北襄阳人。出家后，曾在荆州玉泉寺随神秀学习禅法三年。神会闻岭南曹溪慧能禅师盛扬法道，学者众多，便前往求法，在曹溪为慧能弟子，居住数载。唐开元八年（720），神会奉敕配住南阳龙兴寺。此后，他在北方地区开展宣扬慧能南宗禅的活动。

湖北当阳玉泉寺铁塔

唐开元二十二年（734）正月十五日，神会在滑台（今河南滑县境）大云寺召开"无遮大会"（意为道俗上下贵贱无遮，平等实行财施和法施的大会），与当时北方著名学者崇远法师展开激烈辩论，宣传南宗宗旨，抨击当时最有声望的神秀大弟子普寂的禅法。神会于大会上宣称："今日设无遮大会，兼庄严道场，不为功德，为天下学道者定宗旨，为天下学道者辨是非。"（《南宗定是非论》）在辩论中，神会提出了一个与北宗相对立的南宗传法系统，这就是由达摩传一领袈裟，以为法信，授予慧可，再由慧可传下，传至六祖慧能。当时神秀门下声势很大，神秀被推为六祖，其弟子普寂等自称七祖，无人胆敢怀疑。神会以修正的法统为禅宗嫡传，并以此断言北宗"师承是傍"。这是禅宗史上十分重大的事件。为了宗派的利益，神会在当时表现出宗教家的献身精神。面对各种威胁和破坏，他郑重宣告："我今为弘扬大乘，建立正法，令一切众生知闻，岂惜身命！"（《答崇远法师问》）

由于神会在滑台大会上的慷慨陈词，使曹溪（慧能）宗旨在北方地区逐渐传播，但离南宗正统地位获得承认为时尚远，南北禅宗之争益趋激烈。唐玄宗天宝四年（745），神会受兵部侍郎宋鼎之请入洛阳，住荷泽寺。他在洛阳继续宣传慧能南宗禅，使"曹溪了义大播于洛阳，荷泽顿门派流于天下"（《圆觉

经略疏钞》卷4）。但也因而遭受北宗信徒更强烈的报复。天宝十二载（753），他被敕黜弋阳郡，又移武当郡。十三载，再移襄州，后又移荆州开元寺。据载，这些遭遇都是"北宗门下之所致"。

正在这时，安史之乱爆发，由于缺乏军费，朝廷取右仆射裴冕之计，于各府置戒坛度僧，收取"香火钱"。当时神会已年逾七旬，被公推出来住持开坛传戒度僧事宜。据说，通过这一鬻牒度僧活动，为朝廷筹措了十分可贵的军饷，对收复东西两京起了很大作用。不久，神会被肃宗诏入宫内供养，并敕将作大匠为他在荷泽寺中专造禅宇。神会则借此机会，为南宗做了两件事。一是由郭子仪出面申请，为菩提达摩初祖立谥号，二是由广州节度使韦利见启奏，请六祖慧能传法袈裟入内供养。其结果是大大提高了六祖慧能和神会本人的地位。

神会的后半生，主要是与北宗禅展开长期反复斗争的历史，神会对禅宗的贡献，也便在这种斗争中体现出来。他大力宣传了慧能顿悟禅法，把这一禅法带入了北方地区，有力地抵消了神秀渐修法门的影响。他提出了与北宗对抗的南宗法统，并把它作为禅宗嫡传正统加以推广，这对南宗后来战胜北宗，取替北宗也是有意义的。

❈ 玉泉寺大雄宝殿

荷泽禅的基本思想是什么？

滑台大会之后，神会名声渐高。唐天宝四年（745），兵部侍郎宋鼎请神会入洛阳，住于荷泽寺。此后，神会便被称"荷泽禅师"，他所建立的一派禅被称为"荷泽宗"。所以，荷泽宗的思想主要是指以神会为中心的禅学思想。但这一宗的传承只约4代100余年。

自称为神会第4代法嗣的宗密在他的《禅源诸诠集都序》中，概括荷泽禅的基本思想如下："诸法如梦，诸圣同说，故妄念本寂，尘境本空；空寂之心，灵知不昧。此即空寂之知，是汝真性。任迷任悟，心本自知；不藉缘生，不因境起。知之一字，众妙之门。由无始迷之，故妄执身心为我，起贪等念。若得善友开示，顿悟空寂之知，知且无念无形，谁为我相人相？觉诸相空，心自无念；念起即觉，觉知即无。修行妙门，唯在此也。故虽备修万行，唯以无念为宗。"这一段话的要点有三个，第一是"知"为众妙之门，第二是顿悟法门，第三是无念为宗。试分别略述。

神会的"知"有两方面含义。一方面，"知"即灵知、本觉，也就是真如、佛性。从这一意义上说，知便是心之本体，它是一种空寂的存在状态。空寂之知，即是宇宙万有的本源，能显现种种差别色相，又是一种灵知，能洞察种种差别色相的虚幻不实性。这一思想反映的是神会的佛性论，这一佛性论是对慧能的继承。把真如佛性看成人的唯一本质，乃是禅宗南宗的根本观点。另一方面，"知"在神会那儿又有"知见"、"知解"的意义。神会说："无住心不离知，知不离无住。知心无住，更无余知。"（《南阳和尚顿教解脱禅门直了性坛语》）这里的"知"便当作"知见"解。为此，保唐寺无相禅师批评说："东京荷泽寺神会和尚每月作坛场，为人说法，破清净禅，立如来禅，立知见，立言说。"（《历代法宝记》）神会本人也确实十分推崇知见，认为，"未得修行，但得知解，以知解久薰习故，一切攀缘妄想，所有重者自渐轻微"（《神会语录》）。后来洪州门下直称他为"知解宗徒"，应该说是有道理的。这一点上，神会与慧能又有所不同。

神会在南北禅宗斗争中一再抨击北宗禅"法门是渐"，全力宣扬

南宗顿悟学说,声称"我六代大师,一一皆言单刀直入,直了见性,不言阶渐"(《答崇远法师问》)。他还进而把自己的顿悟法门建立在"一念相应"说基础上。他认为,佛性与无明一时俱有,"觉了者即佛性,不觉了即无明",觉与不觉只在一念,若"一念相应",便可成佛:"只显顿门,唯在一念相应,实更不由阶渐。"(《神会语录》)以此来反对北宗"以方便显"、重视渐修的思想。

"无念为宗"出自慧能,神会认为,"无念"是体悟佛性、顿悟成佛的关键。他说:"所言念者,是真如之用;真如者,即是念之体。以是义故,立无念为宗。"(《神会语录》)"念"有正念、妄念之别,都属真如的作用;"无念"指无妄念,非指无一切念。通过"无念"法修习,发现真心,领悟"空寂自性",实现"自在解脱"。

由上可知,荷泽禅基本上是祖述慧能禅的顿悟成佛思想,但又比慧能多了点知解习气而已。

甘肃敦煌唐代壁画《树下说法图》

该画以封闭构图,表现了庄严静穆且温和愉悦的宗教境界。画中佛陀结跏坐于菩提树下,身着通肩朱红袈裟,做说法状;两侧四菩萨姿态各异。

怎样全面评价神会？

神会在世时，为了取得南宗的正统地位，曾不避艰危，挺身与北宗抗争，险遇不测。在他去世后，地位便不断上升。

唐代宗宝应二年（763），敕于洛阳龙门神会塔出兴建宝应寺；接着于大历五年（770），敕赐祖堂额号"真宗般若传法之堂"；又于大历七年（772），敕赐塔额号"般若大师之塔"；其后，德宗贞元十二年（796），敕皇太子召集天下大禅师，楷定禅门宗旨，搜求传法之人，决定立神会为七祖，并御制七代祖师赞文。但是由于某些原因，神会的七祖地位没有为后世禅宗界所承认，神会的语录和著作大多散佚（只有《显宗记》一篇一向流传于世）。20世纪初，随着敦煌写本《神会语录》等资料的发现和初步整理，神会在禅宗史上的地位问题被重新提了出来。

胡适先生首先发表看法，认为神会在禅宗史上的贡献胜于慧能，其地位也远在慧能之上。他说，神会是"南宗的急先锋，北宗的毁灭者，新禅学的建立者，《坛经》的作者"；"在中国佛教史上，没有第二个人有这样伟大的功勋，永久的影响"（《荷泽大师神会传》）。直至晚年，他始终坚持上述观点，视神会为"中国禅宗佛教的真正开山宗师"，说禅宗南宗"完全是神会一个人单刀匹马打出来的"。胡适的观点曾引起不小的反响，虽然大部分人持不同意见，但也有不少受他影响的。

对神会加以全面评价不是一件容易的事。

一方面，我们看到，神会是为南宗争正统的先锋，他的不屈奋斗对慧能南宗禅的声誉和地位的提高曾起过重要作用；在神秀北宗禅盛

❀ **胡适像**

胡适的"佛学史"研究几乎贯穿胡适的整个学术生涯，这方面的主要贡献就是关于神会的史料的发现。

❁ 大理梵像图卷之禅宗历代祖师

此图绘禅宗历代祖师，从右至左分别为二祖慧可、三祖僧璨、四祖道信、五祖弘忍、六祖慧能以及神会大师。

行和唯识宗、华严宗发达的中原地区，神会告诉僧俗，在南方还有另一派禅的存在。神会继承和发扬慧能学说，针对神秀系的学究习气，围绕对方重视渐修实践的弱点，在北宗势力区域内大力宣传、介绍了慧能顿悟禅的基本内容，为法统之争确立起禅学的有力依据，他是初期禅宗教义的积极宣传者。

另一方面，也应该看到，神会毕竟不是禅宗的创立者，南宗后来推翻北宗、成为禅宗正统也不是神会一个人的功劳。慧能作为禅宗的创立者已基本成定论，《坛经》作为慧能说法记录也已成为历史事实。神会是慧能弟子，而且还不是主要弟子；他作为慧能的支持者，在禅学上没有突破其老师的基本原则，所以宗密也说"荷泽宗者，全是曹溪之法，别无教旨"(《禅门师资承袭图》)。神会取得"七祖"地位，是在他去世将近40年后的事。这说明，在神会于南阳、洛阳"辨是非"、"定宗旨"之后，并没有取得斗争的实质性胜利。事实上，神会后来受最高统治者重视的主要原因，并不在于他所宣传的南宗教义，而是他在安史之乱期间的政治表现。因为他鬻牒度僧有功，使朝廷转变态度，由过去的斥逐而改为支持；"七祖"的敕立，实质是统治者对神会政治贡献所表示的褒奖，其用意在令后世僧侣们仿效。

南宗是否已经战胜或取代北宗，这不能以慧能、神会一派与神秀、普寂一派之间政治地位的浮沉作为标志。事实上，北宗神秀系的衰落与神会北上抗衡没有直接的关系，南宗神会系（荷泽宗）也并未成为禅宗主流。

"衣钵相传"指什么？

"衣钵相传"是佛家通用语，但起初却是禅宗内部争论的一个严肃而又敏感的重大问题。

"衣"指袈裟（三衣），"钵"指食器。据说，当初释迦牟尼在把"正法眼藏"付嘱与迦叶的同时，还把自己所用的金镂袈裟和钵盂交授迦叶，这就是所谓"衣钵真传"的来历。

传说，摩诃迦叶为了要续佛慧命，使法乳长流，就把正法眼藏和衣钵以单传的形式传给阿难，如此经二十七代，这衣钵便由般若多罗传到了西天二十八祖（也是东土初祖）菩提达摩手上，上述传说十分玄妙，但真正信服的人恐怕不会很多。

达摩以后，禅宗关于衣钵传承问题有了争论。神会在"定是非"的辩论里坚持慧能是禅宗的正统，其理由之一，便是"代代相承以传衣为信，令弘法者得有禀承，学道者得知宗旨不错谬故"。神会说："达摩遂开佛知见，以为密契，便传一领袈裟，以为法信，授予慧可。慧可传僧璨，璨传道信，道信传弘忍，弘忍传慧能。六代相承，连绵不绝。"（《南宗定是非论》）传到慧能的这一领袈裟真实程度如何，我们不敢断然下定论，但在唐中宗的诏书《召曹溪慧能入京御札》中有这样一句话："朕每究一乘，安、秀二师并推让云，南方有能禅师，密受忍大师衣法，可就彼问。"（《全唐文》卷17）所以神会说："秀禅师在日，指第六代传法袈裟在韶州，口不自称为第六代。"于是他又提出了普寂同学广济入

※ 广东曹溪南华禅寺保存的六祖钵盂

南华寺重宝唐代金绣千佛袈裟

此袈裟在一领袈裟上织绣千佛像，灿烂华贵，精美异常。

韶州慧能房内偷所传袈裟而为慧能喝斥的故事，并"转述"慧能的话说："非直今日，此袈裟在信大师处一度被偷。所偷者皆不得。"（《答崇远法师问》）神会还特别提道："衣为法信，法是衣宗。衣法相传，更无别付。非衣不弘于法，非法不受于衣。衣是法信之衣，法是无生之法。"（《顿悟无生般若颂》）这意思很明确：法衣所在之处，便是禅宗正统所在之处，而这袈裟现在仍在南方曹溪。至于后来这袈裟又如何传授，神会说得很隐约，这至少表明他没有得着衣传。而据现存的唐代文献看，曹溪的传衣曾于肃宗上元元年（760）取到宫中供养，不久于代宗永泰元年（765）又送了回去（见《全唐文》卷47），以后就下落不明了。

与此同时，成都保唐寺智诜——无住一派流传着袈裟落在他们手中的说法。《历代法宝记》说，则天武后迎请慧能未成，便敕使取来了袈裟，于内道场供养，后来武则天把这一领袈裟交给了智诜，令他"回故乡永为供养"，并把此事派人转告了慧能。这种传说，似乎更不可靠。

有关袈裟的争论和传说，主要反映了禅宗内部派系为夺取正统地位而作的努力，在我们今天看来，确乎有些不可思议，但对当日处于派系倾轧中的禅僧们来说，却是利害攸关的大事。

目前比较统一的意见是，袈裟传承问题，大概也就到慧能为止。后世佛教则借用这一传说，将师父传法于弟子统称为"传衣钵"。

南宗取代北宗的原因何在？

神会入洛之前，神秀系受到武则天和唐中宗的支持。这样一派势力，决不会因某个人的活动便被「摧毁」。事实上，神秀系的法脉几乎延续到唐末，在传承上比荷泽系更为久远。我们只有把宗教、神学问题放在世间现实生活的基础上加以考察，才能正确理解它。

安史之乱打击了数百年之久的门阀士族经济。由于佛教在中国的传播和发展，与士族制度形成、儒家名教衰落这一特定的历史现象紧密相连，所以，士族经济的崩溃，造成依附于这一经济基础的佛教势力的衰退，而只有与士族经济没有联系或联系较少的佛教宗派才免遭厄难。安史之乱后，北方地区又经历了唐武宗的灭佛运动以及唐末农民战争、五代割据战乱。迭次的历史事变，彻底摧毁了北方佛教宗派赖以存在的经济条件，寺院被焚、僧尼逃亡、经籍散佚，"三宝"荡然。唐武宗"会昌灭佛"，不仅使北宗禅无法继续存在，而且也同样使南宗荷泽禅失去必要的生存条件。

使北宗覆灭的是晚唐的历史进程，武宗灭佛可以看做慧能南宗走向繁荣、取得胜利的转折点。安史之乱主要波及区域是黄河流域；武宗灭佛未给长江流域及岭南地区的禅宗各派以直接冲击，唐末五代的迭次战乱对这一地区造成的破坏相

◎ "祖源"刻字

南岳衡山磨镜台以怀让点化道一的典故闻名于世，南宗禅的两大祖师曾在此机锋问答。

对也较轻微。慧能的另一些弟子们有条件在远离政治中心的南方山水之间开辟局面，将禅宗推向它的繁盛阶段。当神会在北方地区与神秀的后裔争夺法统的同时，南岳怀让和青原行思在江西、湖南一带开展着卓有成效的南宗禅的传授、发展工作。经过几代禅师的努力，当神秀、神会两系同时趋于衰微之际，南宗禅却因得天独厚的客观条件而蔚然成为禅宗主流。

怀让传马祖道一，道一门下人才济济，各成一方宗师。行思传石头希迁，希迁门人如丹霞天然、药山惟俨、天皇道悟等都是风格鲜明的禅匠。他们一致采取比慧能、神会等人更为灵活多变的方式传授禅法，进一步改变禅宗的面貌，给禅的生命又一次注入强烈的兴奋剂。与他们的激烈峻拔的禅风相比，当初富有特色的慧能禅也只能算是循循善诱，"老婆心切"而已，显得简略多了。其后，"五家禅"在此基础上又有新的重大发展和突破；它们在宗门作风和门庭施设上深具各自特色，宗眼分明，这绝不是慧能、神会等人所能预料的。

 **南岳磨镜台**

磨镜台后有七祖塔，系怀让墓。

江西、湖南的禅以及后来的五家禅对慧能禅、荷泽禅的发展，主要表现在下述几个方面。一是建立起分头并弘、分灯越祖、自由开放的禅学传授新体系，这一体系与政局的动荡割据、小农经济的分散生产方式并无抵牾，从而使自身保持继续开拓的潜力。二是极力反对知解言说，认为禅应该是一种直观的领悟，任何语言文字都只会落入肯定或否定的执著，不能实现禅的切身体验。三是大量汲取老庄思想，以"性在作用"的佛性论为前提，采取"顺乎自然"、"任运"的方法，致力于精神本体"道"的体验，超越"诸恶莫作，众善奉行"的佛教基本戒条，推倒各种繁杂的传统佛教形式。

禅宗何时达于鼎盛？

禅宗自唐末开始进入繁荣时期，到五代、宋初便达于鼎盛。禅宗鼎盛的标志是五家禅的相继成立。当时参禅风气很盛，各地禅僧不辞千里，游州猎县，过夏经冬，在南方青山绿水间来来往往，形成一派颇为壮观的景象。

公元8世纪中后期，当石头希迁和马祖道一在湖南、江西活动时，南方禅宗已逐渐崭露头角。《宋高僧传·希迁传》引刘轲碑说："自江西主大寂，湖南主石头，往来憧憧，不见二大士为无知矣！"希迁在青原行思处学有所得后，回湖南衡山的南寺。因寺的附近有一巨石，平整如台，他就结庵其上，故被称为"石头和尚"。又因希迁的禅风和接引方法都很严厉，所以后人又说"石头路滑"。也正因为路滑，反而吸引更多的人前去参学。道一也是有特色的禅僧，据说其师怀让早年参见慧能时，慧能便预言："汝足下出一马驹，踏杀天下人。"这"马驹"便是后来的道一。

五家禅之中，沩仰宗于五代时十分活跃，到北宋，从慧寂以后传三代，法系不明。曹洞宗在唐末崛起，本寂的法系，从本寂以后三世便中断，后赖洞山弟子云居道膺而得以繁荣。法眼宗在天台德韶时已很发达，至北宋初年达到鼎盛。云门宗在五代勃兴，进入北宋后，与临济宗并驾齐驱。上述四宗都创立并流行于南方地区，唯有临济宗创立于北方。但在后来的发展过程中，各派传播地域也有转化趋势，如云门宗原流传于广东一带，至北宋仁宗、神宗时，已转入北方，而临济宗则在五传以后进入南方湖南、江西地区发展。当时形势，正如宋初赞宁所说："天下禅宗如风偃草。"禅宗不仅在佛教界独占鳌头，而且对世俗社会也深具影响。据说达摩当年曾立下"一花开五叶"的预言，现在看来，到唐末、五代时，确已"结果自然成"了。五家禅在传播地域上几乎席卷大半个中国，在最高封建统治者、朝廷达官贵人以及地方官僚士人的支持下，各家"立宗传法"、争艳斗奇，大显神通。

随着禅宗进入鼎盛时期，禅僧不再依附于其他宗派的寺庙，他们有了自己独立的寺院，这种寺院的规模还正在不断扩大之中。参学僧众少则三五百，多则一二千，忙忙碌碌，好生热闹。据载，雪峰义存居闽讲法40余年间，"四方之僧争趋法席者不可胜称，冬夏不减一千五百"（《宋高僧传》卷12）。延寿住西湖永明寺时，"众至二千人，时号慈氏下生"（《禅林僧宝传》卷9）。这一局面的形成，与当时寺院经济的再度发达有密切关系。唐末、五代，南方大庄园式的封建生产开始形成，如大沩同庆寺，"僧多而地广，佃户仅千余家"（《五代史补》卷3）。吴越王钱镠晚年，曾试图招致禅僧师彦，师彦经反复召请方来见钱镠，但最后仍以"寺仓常满"为由而辞去。

南岳福严寺

"磨砖作镜"故事说明什么?

"磨砖作镜"故事说明,禅宗的"禅"不同于传统意义上的佛教坐禅。成佛只是思想意识、世界观的转变,它并不由坐禅来决定;坐禅不仅不能成佛,反而造成严重的取舍执著。

马祖道一幼年依资州唐和尚(处寂)出家,唐开元中在南岳衡山结庵而住,整日坐禅,凡有来访者都不予接待。据说他容貌奇异,牛行虎视,引舌过鼻。当时南岳怀让住在般若寺,见他形相不凡,知是法器,便前去加以诱导,问他道:"大德坐禅图个什么?"道一回答说:"图作佛。"于是有一天,怀让取了一块砖,放在庵前石上研磨。开头道一也没有加以理睬。时间一长,他终于捺不住了,便问道:"磨砖作什么用?"怀让说:"磨它来作镜子用。"道一接着问:"磨砖岂能成为镜子呢?"怀让于是反问道:"磨砖既然不能成镜,那么你那坐禅就能成佛了吗?"道一听后,急忙起身,请怀让指点。怀让告诉他:"好比牛驾车,车如若不动,是打牛好呢,还是打车好?你成天在这儿打坐,究竟是学坐禅呢,还是学坐佛?若说是学坐禅,禅并不是坐卧;若说是学坐佛,佛并不是定相。禅门要道,不应有所取舍。你如果是坐佛,那等于杀佛。你如果执著坐相,说明你尚未懂得禅。"(见《景德传灯录》卷6)这就是禅宗史上著名的"磨砖作镜"故事。

道一听完怀让一番说教,豁然契会,便拜他为师,服侍整整十年。后来他离开南岳,独自前往江西传授禅法,开创"洪州禅"。

"磨砖作镜"故事说明,禅宗的"禅"不同于传统意义上的佛教坐禅。成佛只是思想意识、世界观的转变,它并不由坐禅来决定;坐禅不仅不能成佛,反而造成严重的取舍执著。这一思想出自慧能,但怀让通过具体的、形象化的动作行为把它传授给道一,便具有了特殊的意义。

其一,它反映了在慧能以后,禅宗继续沿着慧能开辟的道路,运用主观唯心主义思想原则,在解脱论的方法论上全力以赴。怀让明白告诉道一,磨砖不能成镜,坐禅也不能成佛,原因很简单:镜不由砖

造，佛也不由坐而得悟。成佛的根本在于自心，因为自心等同于佛性，如果不去发现这一本具佛性，提倡主观觉悟，即使坐一辈子禅，也还是毫无所得。这就要求禅僧注重自心的内向把握，向上提升。怀让在道一转变思想后，又及时加以诱导，用一首诗偈开示上述道理，说："心地含佛种，遇泽悉皆萌；三昧华无相，何坏复何成。"这就再次要求他在自家"心地"上用功。后来道一也用这一思想开示他的弟子大珠慧海，说："今问我者，是汝宝藏一切具足，更无欠少，使用自在，何假向外求觅？"又对众僧说："汝等诸人，各信自心是佛，此心即是佛心"，"心外别无佛，佛外别无心"（《景德传灯录》卷6）。解脱论的方法论对于禅宗来说，显得特别重要，是它走向繁荣发达的一个相当重要的因素。

其二，具体、形象化的教育作为禅僧间学问的交流和传授，引导禅宗进一步向神秘主义方向发展。磨砖不能成镜这一比喻，只用几个动作、几句话就把禅宗一个原则问题说明了。后世禅家便纷纷仿而效之，用各种比喻、隐语、暗示、动作来表明自己的思想以及对禅的独特见解，从而留下诸如"归宗杀蛇"、"南泉斩猫"、"赵州放火"、"子湖夜喊捉贼"等荒诞不经的禅宗话头，并进而发展为呵佛骂祖、辱毁经典的放浪举止。作为这类神秘主义思想行为的副产品，便是使禅风继续朝着激烈、自由、奔放、豁达的方向展开。禅宗史上，最先振起风浪，扇起泼辣禅风的便是道一，可见他受怀让之教益不浅。

❀ 马祖道场南昌佑民寺

洪州禅的地位如何？

洪州，相当于今天江西修水、锦江流域和南昌、丰城、进贤等地。8世纪中叶，慧能的二传弟子马祖道一在这一带开创了一家特色鲜明的、颇有影响的禅派，被称为「洪州禅」。百丈怀海以后，这一派禅的势力日益强大，从而形成了「洪州宗」，一时与荷泽宗、牛头宗成鼎足之局。

洪州禅对慧能禅作了重大发展，它一方面运用如来藏学说，另一方面显示根本空义，在此基础上建立起更为直接的成佛说和更为简易的禅法实践。

宗密曾指出，洪州禅的根本特点是"触类是道而任心"。"触类是道"指的是禅学理论。据宗密解释，修禅者"起心动念，弹指謦咳，扬眉瞬目，所作所为皆是佛性全体之用，更无第三主宰。如面作多般饮食，一一皆面。佛性亦尔，全体贪痴造善恶受苦乐故，一一皆性"（《圆觉经大疏钞》卷3）。从弘忍、神秀以来，都认为佛性乃是真心、清净心，成佛便是修得这清净心。洪州禅则一反其道，发展慧能的顿悟学说，主张修禅者应把人的行为综合起来观察，认为人的生心起念，一举一动生命现象，都是佛性的表现；所谓善恶苦乐，也不外乎佛性的表现，所以叫"触类是道"。"任心"指的是禅的实践，意谓不要故意去想或去做什么好事坏事（"不起心造恶修善"），只要能养神存性，不断不造，任运自在，就进入成佛的境界。道一谈他这一派的禅法说："只如今行住坐卧，应机接物，尽是道"（《景德传灯录》卷28）。他认为，成佛之道不是通过修习能实现的，一旦修习，便有思想和行动的趣向，从而也就有了执著（污染）；实际上，日常生活中的行住坐卧、吃饭穿衣都是佛性的自然流露，都在通向佛道。

❀ **佑民寺接引铜佛**

上述情况表明，洪州禅把庄子的精神实体"道"借用来说明佛性、真如、法界的本质，并把平常心的任运看成是与道契合的唯一途径，实际上是汲取了老庄的自然主义哲学，从而使禅宗的中国化又深入了一步。这一创举促使禅的实践与人们日常生活、行动、意念、情感进一步一体化。在教学方式上，洪州禅一再强调"为病不同，药亦不同"的原则，故而反对一切繁杂的宗教仪式，采取更为机动、灵活的手段（如隐语、暗示、象征，乃至喝、打、踢）。这些手段在实际运用中具有相当有效的宗教神秘感和诱惑力。

洪州禅无论在禅学理论上，还是在禅的实践上，都为后来的五家禅提供了依据；对于五家禅中的临济宗来说，洪州禅则是它的前身。

道一弟子怀海为洪州禅的发展作出过重要贡献。他曾提出"割断两头句"的思想，即主张在参学中采取离开一切分别有无、肯定或否定的说话方式，并进而认为必须

※ **佑民寺天王殿**

佑民寺坐落于南昌市八一公园北面，始建于南朝梁天监年间，马祖道一来寺说法，成为洪州禅的发源地。

否认以语言文字作为认识的一种手段。怀海直接指出："自古至今，佛只是人，人只是佛，亦是三昧定。不用将定入定，不用将禅思禅。"（《古尊宿语录》卷1）以为只要不执著外境，也不执著知解，便是"自由人"。

他们的思想为临济宗的创立提供了直接的理论依据，所谓"自由人"、"无为道人"，便是临济义玄"无位真人"、"真正学道人"的雏形。

概而言之，洪州禅是慧能禅发展为五家禅的过渡形态，也是禅宗发展史上的一个重要阶段，它体现为禅的进一步中国化、老庄化，它引导后期禅宗转向意境的体验，更大程度上脱离了传统禅的束缚。

何谓"百丈清规"？

怀海是马祖道一的弟子。道一去世后，他初住石门（今江西靖安县），继往新吴（今江西奉新县），住大雄山，该山高峻挺拔，故又称百丈山。百丈怀海由此得名。怀海对禅宗的重要贡献，是制定"禅门清规"，即后世所称的"百丈清规"。

禅宗僧侣以往多半住于律寺，随着禅宗事业的发展，参学僧俗日益增多，逐渐意识到在律寺中居住对于说法和住持有诸多不便，于是，从道一起便开辟荒山另建丛林，但当时尚未有丛林规章制度。怀海有鉴于此，决定加以改革，订立"清规"。他折中大、小乘戒律，以方便禅僧修习为宜，创议别立"禅居"；立德高望重、深具禅学见解者为禅居"长老"，或名"化主"，住于方丈。又规定，为了表示佛法的超乎言象，"不立佛殿，唯树法堂"。参学僧众不论高下、多少，一律入僧堂居住；在僧堂内设"长连床"，供坐禅假息。除了入室请益（听禅师开堂说法），听任学者勤怠，或上或下不拘常准。还规定，禅院大众"朝参夕聚"，"长老上堂升坐，主事、徒众雁立侧聆，宾主问难，激扬宗要"，其用意在表示"依法而住"。"清规"还特别提出"行普请法"，即上下均力，开荒耕作自给，要求僧众"一日不作，一日不食"。此外，对禅院具体事务也作了种种规定。

"百丈清规"使禅宗的体制更加中国化，对禅宗自身的发展起过

❀ 祥云缭绕百丈寺

重大推动作用。别立禅居，使禅众僧侣直接从一般寺院中分离出来，成为自主的部分，这样，禅宗作为一个独立的佛教宗派最终成为历史事实。不立佛殿，唯树法堂，显示了佛法的崇高性质以及僧众在佛法面前的平等地位，它反映了禅宗对他力信仰、佛祖崇拜的着意否定。普请法的确立，与中国古代小农经济的生产方式和生活方式相适应；通过自力劳作，实现自给自足，使禅宗在困难环境下获得生存的主动权，从而为它后来的繁荣奠定了经济基础。为此，宋赞宁说："禅门独行由海之始。"清规中许多有关禅僧生活的规定，一千多年来始终是禅宗和尚们必遵的基本戒规。总之，自怀海制定清规以后，禅宗逐步建立起自己的生活方式。

原本《百丈清规》早已佚散，其基本内容，我们根据现存下述资料可略知大要：《宋高僧传》卷10《怀海传》、《景德传灯录》卷6所附《禅门规式》、《禅苑清规》卷10

元 德辉重编《敕修百丈清规》

本书是元代中叶江西新吴县百丈山大智寿圣禅寺住持德辉，奉元顺帝孛儿只斤妥欢帖睦尔的圣旨，编撰成的一部禅林清规。

《百丈规绳颂》、《敕修百丈清规》卷8所附杨亿《古清规序》等。此外"百丈清规"在流行过程中，伴随寺院经济的兴旺发达，丛林僧众不断增加、禅院事务日益复杂，历代多有所增订改修的"清规"出现。现在能考见的，尚有以下几种：北宋崇宁二年（1103），宗赜重编的《禅苑清规》10卷，或名《崇宁清规》；南宋嘉定二年（1209），宗寿所编的《入众日用清规》；南宋惟勉又于咸淳十年（1274）编成《丛林校定清规总要》，又名《咸淳清规》；到元代至大四年（1311），弋咸编成《禅林备用清规》，又名《至大清规》。为了有一统一定本，元顺帝元统三年（1335），命江西百丈山住持德辉编《敕修百丈清规》，颁行全国，此即今日丛林所传的《百丈清规》，共8卷，内容与古清规已相去甚远，面目全非。

《参同契》的中心思想是什么？

《参同契》是石头希迁所作偈颂体的五言小品，全文共310字，被载录于《景德传灯录》附录中。《参同契》主旨在会通南北禅宗，但它所论述的理事关系却是佛学的重大问题，影响相当深远。

南宗受南方般若空观影响较深，侧重于理的悟解，故强调顿悟；北宗则继承楞伽师禅学传统，侧重于事相的执著，故主张渐修。希迁《参同契》说："灵源明皎洁，支派暗流注；执事原是迷，契理亦非悟。""灵源"，指真如佛性、性理，它是明澈的本体；"事"，为灵源的派生物。"流注"，意谓不间断，变化无常。大意是说，理事关系虽不明显表现，但它确实存在；执著于外物当然是错误的，但如果不懂得"回互"关系，即使契理也不能说已达到了"悟"。

《参同契》的中心思想就是在这种理事、心物、内外的"回互"关系上表现出来的。理存在于一切事物之中，一切事物具有各自的理，一切事物又在本体理的基础上既统一又区别，因而互相涉入融会，此为"回互"。一切事物又各住自己位次，相对独立，并不显得杂乱无章，是为"不回互"。理事之间、事事之间既具这种回互关系，又具这种不回互关系。一般所说"回互"也应包括"不回互"在内。所以《参同契》又说："门门一切境，回互不回互；回而更相涉，不尔依位住。"为了进一步说明这种理事关系，希迁又以明暗加以比喻，说："当明中有暗，勿以暗相遇；当暗中有明，勿以明相睹；明暗各相对，比如前后步。"

✿ 北宋 碑林《集王圣教序》拓本

燃灯佛授记释迦文图卷

这一说很有可能是对慧能"三十六对"中明暗一对（见敦煌本《坛经》第46节）的发挥。

在希迁之前，华严宗学者已对理事关系作出深入具体的阐述。《参同契》的观点可以看做在华严"四法界"、"十玄门"等学说影响下产生的，它反映了禅宗在教理上已与华严思想结下不解之缘。由于希迁取华严学说入禅，而道一则取老庄思想入禅，于是，在风格上趋向有别，两派分歧逐步明朗，其后许多支派的继续分裂也就不难理解了。

受《参同契》启发最大的是曹洞宗。曹洞宗提倡的"五位君臣"就是从这篇偈颂中演化出来的，它的"即事而真"说实际便是"回互"理论的具体运用。

后来宋明理学爱谈理事问题，并把理事问题用"理一分殊"说加以归纳，认为理是整体，是一，在每一事中都有体现；同时又承认事的差别，是多种多样的。这种思想的渊源便是《参同契》。

什么是「机锋」?

所谓「机锋」,或「斗机锋」,是禅宗因人因时因地而进行的一种宗教神秘主义的教学方法。有时对同一问题作出不同的回答,有时对不同问题作出相同的回答,有时对提出的问题不作直截了当的回答,而是以种种反理性的形式发表自己的看法。这也就是所谓「对病施药」。

❀ 敦煌莫高窟103窟《维摩诘图》
图中维摩诘手拿麈尾,身体微微前倾,双眉凝结,双目炯炯有神,须发奋张,毛根出肉,是一个充满智慧的老者形象。

禅宗自称释迦牟尼教外别传,以心传心,所以他们把师徒之间在动作行为或言语上的相互默契看做参学的究竟。起初一般采用隐语、比喻、暗示等方式,故弄玄虚,以曲折隐晦的办法绕路说禅,如当年怀让以"磨砖不能成镜"启发道一放弃坐禅,而道一又以类似说教引导慧海发见自心佛性。后来进而发展为拳打脚踢,棒喝交加。下面试举几例予以说明。

僧问:"如何是吹毛剑?"师答:"骼"。问者以为用无比锋利的般若智慧之剑可以斩断一切烦恼(这是传统大乘佛教的基本观点),就好像以最锋利的钢剑,只要把毛发向它的刃上吹去,毛发便立时而断。但是骨骼根本无毛,所以纵然有吹毛立断的利剑,也无处可施其能。这是说,从禅宗角度看,本来无菩提可证,无涅槃可得,一切执著都有害无益。

僧问:"不起一念,有过无过?"师答:"须弥山。"禅宗反对任何固定的、肯定的认识,如果有人把"不起一念"作为精神解脱的原则看待,执著于"不起一念",其实这个"不起一念"的念头本身也是错误的(过、过失)。"须弥山",佛经中经常讲到的最大的山,据说高84000

由旬（由旬，古印度计算距离的单位，1旬约30里）。意思是说，即使不起一念，其过仍须像须弥山一样的大。正确的成佛道路应该是毫无计较、纯任自然，所谓"饥来吃饭，困来即眠"。

僧问："如何是佛法大意？"师答："面南看北斗。"北斗在北，只能向北看，面南当然看不到。但是，一旦回过头来，北斗又恰在当面。禅宗主张神秘的内心反省功夫，"面南看北斗"就是这意思。至于"佛法大意"，禅宗认为是根本不存在的，释迦牟尼一生没有说过一个字，所以你若执著"佛法"，就必然放弃内心反省，忘了自心佛性。

僧问："如何是佛？"师答："麻三斤。"这似乎是答非所问，牛头不对马嘴，但其用意十分清楚。那就是要把禅僧的一般思路挡回去，令他引起反照，反照自己成佛的本源。每个人本来是佛，只是没有发现罢了。类似的机锋如：问："万法归一，一归何处？"答："我在青州作一领布衫重七斤。"问：

"如何是佛心？"答："镇州萝卜重三斤"。问："如何是祖师西来意？"答："坐久成劳"，或答"板齿生毛"，或答"一寸毛重九斤"，或答"待洞水逆流，即向汝道"。如是不一而足。

按照禅宗所说，机锋的运用应是自然的，因人而异的，最终目的是要直觉禅的深意，人人都去成佛作祖。作为教育方式的一种，弟子提出的问题本身也是一种激烈的机锋，它可以是哲理性的、谜语式的，乃至相当乏味或无聊的。禅师的回答有深刻的，能起到令弟子反照、省悟的作用，也有禅师因水平不及弟子，却又不愿丢失面子，便故意作态。所以，并非所有机锋都能加以分析、解释。

五祖寺昆虚殿

什么是「棒喝」？

禅宗认为，语言、文字、概念只会给人增加负担，而不能教人去发现佛教的真理。为使禅僧放弃各种形式的外向追求，一意于自己内心的发掘上用功，禅师在机锋运用基础上，根据不同对象，采取棒喝手段，令对方从执著中猛醒过来，直下顿悟自心佛性。

　　据说一个好的禅师，从来不作任何正面说法，而是以种种奇特手段令弟子自悟。沩山灵祐告诉他弟子香严智闲说："如果要我说，我说的只是我的见解，对你的自悟毫无意义。"智闲便辞师而去。有一天，他在山中芟除杂草，以瓦砾击竹，发出脆响，便失声笑了起来，突然间醒悟了。他说："沩山对我来说恩逾父母，当初若为我把道理说了，哪会有我今日的自悟？"

　　相传"棒"的使用，始于黄檗希运和德山宣鉴；"喝"的使用，始于临济义玄，故有"德山棒，临济喝"之说。《古尊宿语录》（卷5）有一段关于义玄在希运处三度被打的记述，十分精彩，不妨抄录。"师（义玄）初在黄檗会下，行业纯一。首座乃叹曰：'虽是后生，与众有异。'遂问：'上座在此多少时？'师云：'三年。'首座云：'曾参问也无？'师云：'不曾参问，不知问个什么？'首座云：'汝何不去问堂头和尚，如何是佛法的大意？'师便去，问声未绝，黄檗便打。师下来。……如是三度发问，三度被打。……师去辞黄檗。檗云：'不得往别处去，汝向高安滩头大愚处去，必为汝说。'师到大愚。大愚问：'什么处来？'师云：'黄檗处来。'大愚问：'黄檗有何言句？'师云：'某甲三度问佛法大意，三

❀ 佛教法器铜钹

　　据敕修百丈清规卷下"法器章"（铙钹项）说："凡维那、住持揖两序出班上香时，藏殿祝赞转轮时，行者鸣之。之外：迎引送亡时、行者披剃时、大众行道时、迎接新住持入院时，皆鸣之。"

度便打，不知某甲有过无过？'大愚云：'黄檗恁么老婆心切，为汝得彻困，更来这里问有过无过！'师于言下大悟，云：'原来黄檗佛法无多子！'大愚住云：'这尿床鬼子，适来道有过无过，如今却道黄檗佛法无多子。你见个什么道理？速道！'师于大愚胁下筑三拳。大愚托开云：'汝师黄檗，非干我事。'师辞大愚，却回黄檗。……黄檗云：'大愚有何言句？'师逐举前话。黄檗云：'作么生得这汉来，待痛与一顿。'师云：'说什么待来，即今便吃。'随后便掌。黄檗云：'这疯癫汉，却来这里捋虎须！'师便喝。黄檗云：'侍者引这疯癫汉参堂去！'"可见，以心传心，心心相印的"佛法大意"是不能用正面语言来表达的，所以只有采取这些极端的手段了。

又见《景德传灯录》（卷15）记载，"师（宣鉴）上堂曰：'今夜不得问话，问话者三十挂杖。'时有僧出，方礼拜，师乃打之。僧曰：'某甲话也未问，和尚因什么打某甲？'师曰：'汝未跨船舷时，便好与三十挂杖。'"虽未发问，但已

❋ 明 陈洪绶《无法可说图》

禅宗讲究"不立文字，直指人心，见性成佛"，因此佛法不可说，《无法可说图》表现的正是这一主题。

有了发问的念头，所以也得挨打。

又见一位不知趣的禅僧龙牙问翠微禅师"何为祖师西来意"（摩从西天来干什么），翠微答道："给我拿过禅板来。"龙牙不知其意，便递过禅板。翠微操起禅板随手便打。龙牙说："打尽管打，究竟什么是祖师西来意呀？"后来龙牙又去问义玄，义玄也如法炮制。

后世借用禅宗棒喝，称警醒执迷不悟的人们为"当头棒喝"。

丹霞烧佛像是何道理？

丹霞天然是石头希迁的弟子，禅宗史上曾留下不少有关他的趣事，焚烧木佛是其中之一。在丹霞看来，木佛是用木头雕成，它只是信仰的象征，本身不是佛；禅宗反对偶像崇拜，只承认自己本心的主宰，所以用木佛烧火取暖无损于成就佛道。

丹霞禅师原是儒生，熟习儒书。有一年，他往长安应试，在旅店借宿时遇一禅客。禅客问："到哪里去？"丹霞回答："选官去。"禅客说："选官不如选佛。"丹霞便问："选佛应该到哪里去？"禅客告诉他："如今江西马大师（道一）出世，那儿正是选佛的场所，你可去他那儿。"所谓"选官"，是指选择为官的捷径；所谓"选佛"，是指选择做佛弟子的门路。当时南方禅风掀起，招引了不少封建文人学士，丹霞深知其中奥妙，便决然放弃选官机会，直奔江西。

初见道一，丹霞以手托头额（意为要求剃度，做他弟子）。道一看了好久，知道他不是等闲之辈，要打发他走，说："南岳石头希迁是你的老师，你去罢。"于是丹霞来到南岳。初见希迁，同样以手托头额，希迁说："到槽厂去。"丹霞按照希迁意思入行者房，当烧饭工，前后凡三年。一天，希迁令众僧铲去佛殿前草，这时只见丹霞用盆盛水洗头，在希迁面前跪下。希迁会意，露出微笑，给他剃了发（正式出家成佛弟子）。

青原山净居寺

行思于唐玄宗开元二年（714）来到青原，在净居寺大倡禅学，恪守不立文字的祖训，弘扬顿悟学派，宗风大振，四方来参者甚众。

接着，希迁正要为他说佛教戒律，他却掩住耳朵跑走了。

丹霞离开希迁，再次来到江西参见道一。还未行参拜之礼，便闯入僧堂，骑坐于某僧的脖子上，僧众一时大惊失声，急忙告知道一。道一亲自入堂察看，说了一句："我子天然。"丹霞立即下地礼拜，感谢师父赐他法号。

在得到希迁剃发、道一赐号之后，丹霞便开始了四出游方的生活，其间又有两件逸闻留传于后世。

唐元和三年（808）的一天，丹霞横卧于洛阳天津桥，挡住了留守郑某的车轮。郑某问他："为何挡住我的车？"他却慢条斯理地吐出三个字："无事僧。"郑某大加赏识，奉送财物，日给米面供养。一时间，洛阳僧俗纷纷归信。

另一件便是烧佛像事。元和年间，丹霞在洛阳龙门香山居住，冬天外出，在慧林寺遇大寒天气，他不顾主人厉声斥责，径取寺中木佛投入火中，以驱寒取暖。

焚烧佛像在传统佛教看来是绝不容许的，但丹霞却有自己的理由。

❀ **青原行思禅师像**

行思禅师是唐代高僧，佛教禅宗七祖，禅宗青原派系——曹洞、云门、法眼三宗的鼻祖。

慧林寺院主问他："为什么烧我寺院的木佛？"他以杖子拨灰说："我烧取舍利。"院主道："木佛哪来的舍利？"他答道："既无舍利，那就再拿两尊来烧。"事实上，释迦牟尼在世时，从未教人崇拜偶像，他临死时，只要求弟子"依法不依人"即根据他留下的教导行事。佛像雕刻是在释迦去世数百年以后才出现的事，这与原始佛教的无神教义是相悖的。当然，禅宗则更从般若空观的角度来看待佛像。

至于丹霞其他一些举止行为，一方面反映了他对禅宗教义独具只眼的理解，另一方面也应该指出，那是提高声誉的特殊手段，非惊世骇俗之举，不能引起舆论重视；非荒诞怪僻之行，不足以在禅宗界为人归信。它既显示了丹霞作为知识阶层僧侣的观念，又满足了时下文人士大夫对精神启示的渴求。

如何看待禅僧"呵佛骂祖"？

"呵佛骂祖"是慧能以后佛教禅宗的历史趋势，在五家禅时期表现得淋漓尽致，代表人物有德山宣鉴、临济义玄等。"呵佛骂祖"的内涵就是要不受佛与祖的约束，突破前人，认识自我佛性。

德山宣鉴是石头希迁下三世孙，对《金刚般若经》深有体会，曾上堂告诉弟子们说："于己无事则勿妄求，妄求而得亦非得也，汝但无事于心、无心于事，则虚而灵、空而妙。"这就是他以《金刚经》思想来看整个世界人生的心得。由此出发，便有可能发展为呵佛骂祖，正如他同时代的禅僧沩山灵祐预言说："是伊（宣鉴）将来有把茅盖头，骂佛骂祖去在。"宣鉴在这方面的言论很丰富，试摘数则。如僧问："如何是菩提？"他边打边喝道："出去，莫向这里屙！"僧又问："如何是佛？"他回答："佛即是西天老比丘。"继而更宣称："我这里佛也无，祖也无。达摩是老臊胡，十地菩萨是担屎汉，等妙二觉（即佛）是破戒凡夫，菩提涅槃是系驴橛，十二分教（全部佛经）是鬼神簿、拭疮疣纸。初心十地（菩萨）是守古冢鬼，自救得也无。佛是老胡屎橛。"还骂道："仁者莫求佛。佛是大杀人贼，赚多少人入淫魔坑，莫求。文殊、普贤是田库奴（无智慧者）。可惜一个堂堂丈夫儿，吃他毒药了。"在骂倒了佛、菩萨，推翻了三藏经典权威之后，还觉不过瘾，便骂到了在世的和尚们。他说道，有那么些学佛之辈，"到处向老秃奴口里，爱他涕唾吃，便道我是入三昧，修蕴积行，长养圣胎，要成佛果。如斯等等，我看似毒箭入心"。他规劝这批拜师学佛者说："老胡（指释迦）经三大阿僧祇劫，即今何在？活了八十年便死去，与你有何分别，缘何发疯受骗？"

临济义玄也说道："求佛求法，看经看教，皆是造业。你若求佛，即被佛魔摄你；你若求祖，即被祖魔缚你。你若有求皆苦，不如无事。"甚至提出"杀佛"主张："欲得如法见解，但莫受人惑，向里向外，逢着便杀。逢佛杀佛，逢罗汉杀罗汉，逢父母杀父母。"又说："夫大善知识，始敢毁佛毁祖，是非天下，排斥三藏教。""三乘十二分教，皆是拭不净故纸；佛是幻化身，祖是老比丘。""等妙二觉担枷锁汉，罗汉辟支犹如厕秽，菩提涅槃如系驴橛。"（上述引文见《景德传灯录》卷12、卷15等）

应该如何看待上述现象呢？

我们认为，呵佛骂祖与丹霞烧木佛在思想背景方面是一致的。首先，大乘空宗佛教实相说和般若思想的发展，本身潜伏着向对立面转化的可能性。其次，佛教传播日久，逐渐与中国传统思想融合，促进了泛神论的发展。再次，禅宗本身又经历了各代祖师的改造，致力于把佛性从彼岸世界拉回到个人的内心世界。在他们看来，非心非佛、呵佛骂祖，符合大乘佛教空宗般若学说。既然佛祖、经论都是实相（空），求佛求祖、迷信经典，只会丧失自信，束缚个性。

客观上说，"呵佛骂祖"对于禅宗的繁荣发达、佛教中国化全面推进影响极大。它把西天佛祖从神圣的地位上拉向世俗，这是一个了不起的举动。宣鉴、义玄等人号召人们不要完全执著于佛和祖师，要摆脱一切束缚，发扬自身的佛性，肯定现实中人自身的价值，这就不止是对传统佛教的冲击，而且客观上也是对束缚人身自由的封建伦理道德规范的冲击。

但我们也应看到，呵佛骂祖者并未放弃宗教神学的基本立场。他们的言论本质上是指向那些不够专诚和缺乏主观精神的宗教学说；呵佛骂祖并不妨碍对成佛作祖的追求，否则出家也就毫无意义了。

明 蒋贵《寒山拾得图》

该图描绘了寒山、拾得两人着单衣立于寒风中。面对如此恶劣的环境，他们的面部却呈现出意味悠远的微笑，颇有大化无形、超然物外的禅意。

临济宗的思想特点是什么？

临济宗的创始人是义玄。他受黄檗希运印可后，辗转来到北方，在河北镇州（今正定）临济寺院，形成宗派。临济宗有自己独特的世界观和解脱论，有一整套灵活的接引弟子手段，因而在唐末五代时获得迅速发展，成为后期禅宗五家中传承最久远、影响最广泛的一家。

以义玄为中心的临济宗思想特点可归纳为以下几个方面。

第一，彻底的主观唯心主义宗教世界观。义玄对客观世界的否定，表现出极为坚决的态度。他说："约山僧（义玄自称）见处，无佛无众生，无古无今。得者便得，不历时节。无修无证，无得无失。"就是说，整个世界只是虚无、空幻。所以他又说："你若达得万法无生，心如幻化，更无一尘一法，处处清净，是佛。"所谓佛，便是对世界空无、清净的认识。在彻底否定客观世界的同时，义玄强调了主观精神因素，把它视为解脱的最终根源。他说："你欲得作佛，莫随万物。心生，种种法生；心灭，种种法灭。一心不生，万法无咎。"又说："你要与祖佛不别，但莫外求。但一念心上清净光，是你屋里化身佛；你一念心上无分别光，是你屋里报身佛；你一念心上无差别光，是你屋里化身佛。"意思是说，能否成佛，完全决定于"一念心"。由于义玄强调"一念心"，使他沿着慧能开辟的"心佛平等"、"自性是佛"道路向前推进一步，将自己发心成佛、突破执著束缚提升到了一个全新的高度。

第二，提出做"真正学道人"的主张。所谓"真正学道人"，即要有"真正见解"。何为"真正见解"？义玄说："且要自信，莫向外觅"，"但莫受人惑。"他认为，"真正学道人，念念心不间断。自达摩大师西土来，只是觅个不受惑的人。"简言之，"真正见解"便是"不受人惑"。从建立"不受人惑"的自信出发，他对具有"真正见解"的"真正学道人"

青州镀金佛像

给予高度的重视。他说:"目前孤明历历地听者,此人处处不滞,通贯十方,三界自在。"所谓"孤明历历"的"听者",即禅宗常说的"本来面目",也就是佛性。佛性从本以来不曾欠少,人人具足。义玄就是要人体验这一佛性,不要为三乘十二分教、坐禅说法等所惑。与"真正学道人"相联系的,是"无位真人"。所谓"无位真人",它存在于人的生命活动的一切方位,具有万能的、变化莫测的特征。实际上,它是指"真正学道人"通过自信、觉悟而达到的精神境界,一种与佛平等一如的境界。

第三,提倡"立处即真"的自悟。义玄认为:"佛法无用功处,只是平常无事,屙屎送尿,着衣吃饭,困来即卧"。佛道"触目皆是",只要"处处不疑","随处做主,立处即真",便"无不甚深,无不解脱"。他用诗偈描述这一思想说:"心随万境转,转处实能幽;随流认得性,无喜亦无忧。"(以上引文皆见《临济录》)很显然,这种"立处即真"的自悟,是对洪州禅的继承和发展,其结果是使禅僧在宗教实践中,把禅与日常生活行为更普遍地联系起来。

临济宗历来有"大机大用,脱罗笼出窠臼,虎骤龙奔,星驰电激,转天关斡地轴,负冲天意气,用格外提持,卷舒擒纵活杀自在"(《人天眼目》卷2)的美誉,在五家禅中表现最为自由、活泼、洒脱。我们当然清楚,这种自由、活泼、洒脱的禅风,正是以它的宗教哲学思想为前提的,是以对世界和人生的主观唯心主义认识为基础的。

❀ 义玄像

义玄(? ~867),俗姓邢。曹州南华(今山东东明)人。唐代高僧,临济宗的创始人。

何谓「四宾主」？

「四宾主」是五家禅中临济宗采用的一种门庭施设。它由义玄创立，意在通过师徒（或宾主）之间的问答形式，测试对方的见解，衡量双方学识的真伪。

据宋智昭所著《人天眼目》，"四宾主"具体内容是这样的："参学人大须仔细，如宾主相见，便有言说往来。或应物现形，或全体作用，或把机权喜怒，或现半身，或乘师子，或乘象王。如有真正学人，便喝先拈出一个胶盆子，善知识不辨是境，便上他境上，做模做样。学人又喝，前人不肯放，此是膏肓之病，不堪医治，唤作'宾看主'。""或是善知识不拈出物，随学人问处即夺，学人被夺，抵死不放，此是'主看宾'。""或是学人，应一个清净境界，出善知识前，善知识辨得是境，把得住抛向坑里。学人言，'大好'，善知识即云，'咄哉，不识好恶'，学人便礼拜。此唤作'主看主'。""或有学人，披枷带锁，出善知识前，善知识更与安一重枷锁，学人欢喜，彼此不辨，唤作'宾看宾'。"

文中借立两方："善知识"是禅师，为"主"；"学人"是徒弟，为"宾"。"胶盆子"，指外境、客观对象。举出师徒在学问水平方面的四种可能存在的情况。一是"宾看主"，指徒弟比禅师更有见地，所以他故意试探老师，而老师却执著于外境，而且装模作样。二是"主看宾"，指与上述情况正相反，学生死抱住错误见解不放，老师却显得十分自信。三是"主看主"，指禅师与徒弟通过斗机锋，认识统一，

※ 释迦涅槃石雕像

见解一致，都对外境无所执著。四是"宾看宾"，指禅师与徒弟都执著外境，"披枷带锁"，彼此不辨，自以为是，不能醒悟。

"四宾主"的施设，根本目的是培养禅僧（包括师、徒双方）站稳唯心主义立场，表现出临济宗的宗教神学本质。但是，它对于促进禅门师徒间不拘学历、地位、资格的灵活的相互启发、提示，保持活泼自由的禅风都具有积极意义。某种角度上说，它体现了禅宗所宣称的"平等"精神。这是临济宗在五家禅中建立霸主地位的重要原因。

❋ 各国王子图

怎样理解"四料拣"？

"四料拣"是临济宗的又一重要门庭施设，也由义玄创立。据《人天眼目》，"四料拣"是："我有时夺人不夺境，有时夺境不夺人，有时人境俱夺，有时人境俱不夺。"

与"四料拣"相应，类似的施设为"四照用"，两者通常同时运用，互为补充。"四照用"是："我有时先照后用，有时先用后照，有时照用同时，有时照用不同时。"

"夺人"，指摈弃、剥夺"我执"。"我执"，即对"我"的执著。佛教认为，"我"只是因缘和合的假象，并无真性实体；世人执著于"我"，以为是有主宰的、实在的自体，便产生种种谬误和烦恼。"夺境"，指摈弃、剥夺"法执"。"法执"即对"法"的执著。"法"指一切事物和现象。佛教认为，一切"法"都无自性，客观外界没有独立自存的实体，处于刹那生灭变化之中；世人执著于"法"，予以虚妄分别，必然妨碍对真如的悟解和体验。"照"是"寂照"的照。"寂"指真如本体；"照"指真如妙用，在"四照用"中借用为否定（排斥）主观自体（人我）。"夺人不夺境"是对"我执"严重的人说的，即先破"我执"，暂时保留"外境"，也就是"先用后照"即先否定"我执"，再否定"法执"。"夺境不夺人"与"夺人不夺境"正好相反，是对"法执"严重的人说的，即先破其"法执"，暂时保留"我执"，也就是"先照后用"。"人境俱夺"是对"我执"和"法执"都很严重的人说的，即要"人我"、"外境"同时破除，也就是"照用同时"。"人境俱不夺"，是对既无"我执"

❀ 佛教法器金包白法螺五件

又无"法执"的人说的,也就是"照用不同时"。

"四料拣"(以及"四照用")是为严格训练禅僧坚定唯心主义世界观而施设的。大乘佛教认为,世界的一切都是颠倒和虚妄的,任何对自我和外境的执著都与佛教的基本原理和最终目的相违背。禅宗的宗教哲学不仅否认客观外部世界以及禅僧自我个体的存在,而且还否认自我的主观认识能力。临济宗正是采取这样的极端态度,并在此基础上建立起它的认识论。这种认识论的实质是否认认识本身,排斥认识的可能性,所以最终剩下的只是直观、神秘的宗教体悟。

大足石窟六道轮回

"三玄三要"的内容和影响如何?

"三玄三要"是临济宗接引参学弟子的手段之一。据《人天眼目》载:"师(义玄)云:'大凡演唱宗乘,一语须具三玄门,一玄门须具三要,有权有实,有照有用。'"何为"三玄"?何为"三要"?它们的关系如何?禅门各家看法不一,现据《五家宗旨纂要》予以剖析。

"三玄"的第一玄名"体中玄",是指使用一般的语句,发自于真实的心体,以显示真实的道理。参学弟子虽然明白其中道理,但因机用执著于悟的境域,而不能得着真正的自由。第二玄名"句中玄",这是指使用语意不明确的巧妙言说,不拘泥于语言本身,但能显示其中玄妙道理,意谓已进入相对自由境界。第三玄名"玄中玄"。《纂要》说:"如赵州答庭柏话。此语于体上又不住于体,于句中又不著于句,妙玄无尽,事不投机,如雁过长空,影沉寒水。""庭前柏树子"是一则著名公案,赵州从谂曾用这一句话回答"如何是祖师西来意"一问,以拦截弟子的习惯思路,使之反顾自悟。所谓"于体上又不住于体,于句中又不著于句",是说语言虽出自心体却又离于心体,虽有所表达却又不具体说出,参禅者只有从中切身体验,犹如"雁过

❁ 罗汉图

　　罗汉是佛陀得道弟子修证最高的果位。罗汉者皆身心六根清净,无明烦恼已断(杀贼)。已了脱生死,证入涅槃(无生)。堪受诸人天尊敬供养(应供)。

长空,影沉寒水",进入所谓绝对自由的精神境域。

"三要"与"三玄"配合,着重指出言说要点。第一要,强调摈绝一切客观事物,在破相上下工夫,不离正面语言。汾阳善昭把它形象表述为:"根境俱忘绝朕兆,山崩海竭洒飘尘,荡尽寒灰始得妙。"第二要,强调随机应变,不执著于言句,灵活应用,进入玄妙境域。汾阳善昭表述为:"钩锥察辨呈巧妙,纵去夺来掣电机,透匣七星光晃耀。"第三要,强调随机发动、反照一心,即使有所言说,也必须是超越肯定、否定、非肯定、非否定等具体形式。汾阳善昭表述为:"不用垂钩并下钓,临机一曲梵歌声,闻者尽教来反照。"

在义玄之前,百丈怀海已经提出"割断两头句",即离开一切分别有无、肯定或否定的说话方式。在洪州禅看来,任何语言都有可能落入肯定或否定的一边,只有将自我精神无限扩充,与宇宙融为一体,在绝对精神统一的意境中才能体验"言诠不及、意路不到"的神秘本体世界。义玄的"三玄三要"显然是对怀海这一思想的发展,它使禅宗在否定言说的作用和对意境的追求方面又前进了一大步。

"三玄三要"的根本用意是破除参禅者对"法"、"我"的执迷。这是从体上开示的第一步,实际上也是所有禅僧入门的基本功。在破除了外内、法我执著的基础上,它着重指出语言文字的某种局限性,进一步诱导禅僧步入宗教神秘主义的玄境,或是采取"绝相离言"手段,代之以扬眉瞬目,棒喝踢打;或是使用"临机一曲"方式,即以暗示的、意在言外的、不置可否的、毫无意味的话表达禅意。

事实上很难把"三玄三要"的言说原则和要点付诸实践,更不用说后人还曾分别为"三玄"的每一玄立"三要"了。但它向我们提出了一个重大问题。它把玄学的"得意忘言"说搬到禅宗领域,从而使禅的意境问题更为突出起来。后期禅宗一些不合常情和逻辑的行为、语言,很大程度上取决于此,佛眼清远道:"真实到家者,得意忘言","言意两忘,十方咸畅。"(《古尊宿语录》卷27)黄龙慧南说:"须穷二老之意,莫逐二老之言。得意则返正道而归家,寻言则荡邪途而转远。"(《黄龙慧南禅师语录》)这种不着于言辞、寻求言外之意的思想对唐宋以后诗词、绘画等文学艺术形式也曾产生过深远影响。

何谓「五位君臣」？

曹洞宗由唐末僧人洞山良价和其弟子曹山本寂共同创立,它在五家禅中的影响仅次于临济宗,以独特的思想风格而令人注目。「五位君臣」是曹洞宗的重要教义。

曹洞宗因受希迁《参同契》中"回互"说的影响,特别重视如本体(理)与现象世界(事)的关系。良价和本寂从理事个别交涉的关系上,建立各种"五位"(五种位次、境地)的学说,并以此接引、勘验参学弟子。"五位"学说中以"五位君臣"最有特色。

"五位"以偏、正加以显示。"偏"代表事,"正"代表理,事理互相配合(偏正回互)便构成五种形式。本寂解释说:"偏位即色界,有万形象","朕兆生来,故有森罗万象隐显妙门也";"正位即属空界,本来无物",立于"朕兆未生"之位。曹洞宗认为,在真如本体与世界万物的关系上,有四种可能出现的片面性认识,一是虽承认有所谓的精神本体,但不懂得万物由精神本体派生,于体用关系上忽视用的一面,这叫"正中偏",属君位,应以"体起用"的理论加以纠正,使之"背理就事"。二是虽承认现象是假,但不懂得透过现象进一步探求客观的精神本体,体用关系上缺少体的一面,这叫"偏中正",属臣位,应以"用归体"的理论加以纠正,使之"舍事入理"。三是既承认有所谓精神本体,又已开始由体起用,但尚未臻完善,这叫"正中来",或"君视臣"。四是既承认现象是假,又力图透过所谓

❀ 曹洞宗祖庭曹山寺

普利寺墓塔

高僧圆寂后，常于寺院附近建塔瘗其舍利，日久天长，遂成塔林。

幻想去探求精神本体，但也未臻于完善，这叫"兼中至"，或"臣向君"。曹洞宗认为，只有坚决从唯心主义立场完整地对待现象与本体的关系问题，即既承认万物由本体派生，又承认万物本质是空无自性，才能克服上述四种错误，这时叫"兼中到"，或名"君臣道合"。

曹洞宗视"道合君臣，偏正回互"为理想的世界观，具备这一世界观时，便能"冥应众缘，不随诸有，非染非净，非正非偏"。或者被形象地描述为："浑然无内外，和融上下平"；"臣主相忘古殿寒，万年槐树雪漫漫，千门坐掩静如水，只有垂杨舞翠烟。"也就是说，这时已达到体用圆融，理事圆融，人、情、境圆融的至极境界。

清凉文益在《宗门十规论》中曾给曹洞宗的"偏正回互"（五位君臣）思想以重要地位，说："大凡祖佛之宗具理具事，事依理立，理假事明，理事相资，还同目足。若有事而无理则滞泥不通，若有理而无事则汗漫无归。欲其不二，贵在圆融。且如曹洞家风，则有偏有正，有明有暗。……苟或不知其旨，妄有谈论，致令触净不分，诠诋不辨；偏正滞于回互，体用混于自然。"他指责有些人对曹洞宗旨缺乏真正认识，只有看到偏正的回互一面，事实上，曹洞宗讲偏正、臣君，不仅说了回互，而且也包括了不回互，这才是完整的体用关系、理事关系。所以历来有曹洞"家风细密，言行相应，随机利物，就语接人"之誉，与临济宗的大刀阔斧形成鲜明对比。

什么是"云门三句"？

云门宗由文偃在韶州云门山（今广东浮源县北）创立。该宗在宋初曾达到鼎盛，但在南宋后走向衰微。云门宗认为万事万物都体现真如，都有佛性，着重一切现成，即事而真。"云门三句"指文偃向参禅弟子们所说的该宗基本教义，它们是：函盖乾坤，截断众流，随波逐浪。

关于"函盖乾坤"，云门宗认为，世界一切事物，都是由真如、佛性派生的。真如佛性是宇宙万有的本体，所以，举此本体，便可涵盖乾坤，君临天下。文偃说："乾坤并万象，地狱及天堂，物物皆真现，头头总不伤。"（《云门语录》）上至天堂，下至地狱，所有森罗万象，都由真如变现。因而，事事物物，"本真本空"；一色一味，"无非妙体"。这一句实际上是对行思和希迁所传"即事而真"说的发展，体现的是云门宗的唯心主义世界观。

"截断众流"可以看做云门宗的认识论。据《人天眼目》对这一句的解释，说："堆山积岳，一尽尘埃；拟论玄妙，冰消瓦解。""本非解会，排叠将来；不消一字，万机顿息。"大意是：堆山积岳的宇宙万有，都不是真正的认识（"解会"）对象；只要一论及玄妙的真如本体，这些"排叠将来"的世间众法，就立即"万机顿息"、"冰消瓦解"，因为它们本质上并不存在。所以，云门宗也反对使用语言文字，以为真如佛性不可言说，只应于内心顿悟。

"随波逐浪"这一句相当于云门宗的方法论。"随波逐浪"，意思是"因语识人"，即根据不同对象采取不同的教学方法。文偃偈颂说："辩口利舌问，高低总不亏；还如应病药，诊候在临时。"（《云门语录》）

❀ 云门寺山门

云门宗禅僧把上述三句比作"云门剑"、"吹毛剑",意思是说它们极其锋利,能迅速截断葛藤(禅家把事情枝蔓不径,缺乏直截了当的正确认识谓之"葛藤")。文偃常用一字回答禅僧问语。如问:"如何是云门一路?"答:"亲。"问:"如何是正法眼?"答:"普。"当时被称为"一字关"。因为有这样一些教学手段,所以禅宗界常说云门宗风"孤危耸峻,人难凑泊",非上等根机不易悟入。为了扩大影响,壮大力量,至北宋时雪窦重显便着手改变宗风,逐渐与他宗融合。

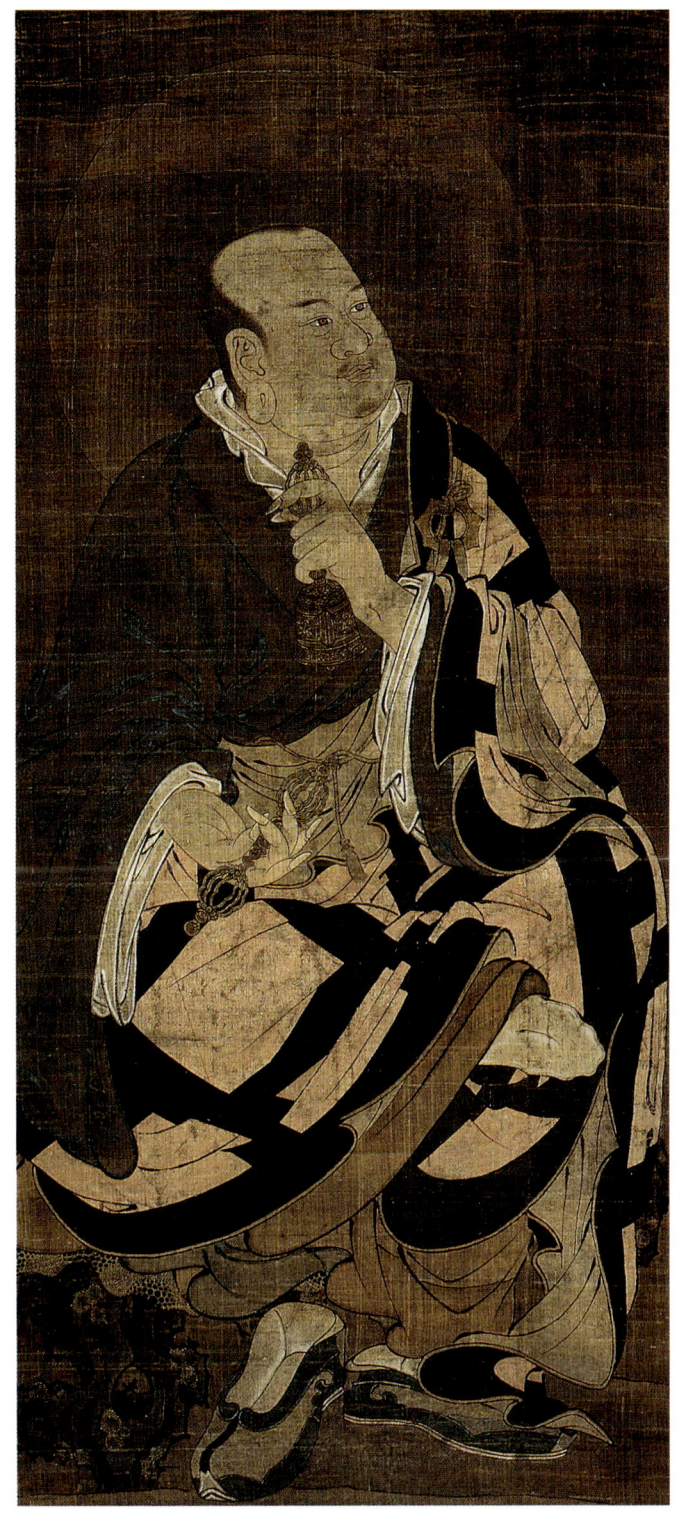

代罗尊者像

什么是沩仰宗"三种生"？

沩山灵祐嗣法于百丈怀海。《景德传灯录》记载他得法经过，说："一日侍立，百丈问：'谁？'师曰：'灵祐。'百丈云：'汝拨炉中有火否。'师拨，云：'无火。'百太躬起，深拨，得少火。举火示之云：'此不是火？'师发悟礼谢，陈其所解。"这里，深埋于炉底之火是佛性之喻。灵祐轻轻一拨，未能发现火。百丈深拨得火，便是示意灵祐：佛性人皆具备，但要努力发掘，不能错过"时节因缘"。灵祐离开怀海，到湖南沩山，受观察使裴休的热诚欢迎，又得弟子慧寂相助，一时禅风大振，成为五家禅中最先兴起的一家。

沩仰宗的基本思想，是把主客观世界分为"三种生"，即"想生"、

沩仰宗由灵祐和他的弟子慧寂创立，因灵祐住潭州沩山（今湖南宁乡县西），慧寂住袁州仰山（今江西宜春县南），故名。沩仰宗的基本思想，是把主客观世界分为"三种生"，即"想生"、"相生"、"流注生"。

※ 密印寺大殿三世佛

密印寺山门

密印寺位于湖南宁乡县沩山，始建于唐代，至今已有1000多年的历史，是沩仰宗的祖庭。

"相生"、"流注生"。

"想生"，指主观思维，所谓"想生为尘，识情为垢"。即认为所有"能思之心"都是杂乱染污的"尘垢"，必须远离它们，才能得到解脱。而所谓"解脱"，也就是发现自己本源常住佛性，"思尽还源，性相常住"。这实际上要求禅僧无条件地放弃习惯的思维和认识能力。

"相生"，指"所思之境"，也就是客观世界。沩仰宗强调，这客观世界必须加以彻底否定，否则不能达到悟解。这思想被形象地喻为："回光一击便归去，幽梦一开双眼明。"

"流注生"，是指主客观世界变化无常，处于生灭过程，"微细流注"，从未间断，因而是靠不住的，必须加以抛弃。只有真如佛性才是真实不妄的。

总之，沩仰宗认为，"三种生""俱是尘垢，若能净尽，方得自在"。否定和抛弃它们是成佛得"自在"的前提。

沩仰宗在修行理论上也继承怀海所传。灵祐把体认和发掘自心佛性放在首位，故而认为，万物有情，皆具佛性，人们若能明心见性，即可成佛。他说："实际理地不受一尘，万行门中不舍一法。若也单刀趣入，则凡圣情尽，体露真常，理事不二，即如如佛。"（《景德传灯录》卷9）慧寂也说："汝等诸人，各是回光返照"，"且莫将心凑泊，但向自己性海如实而修。"（同上书，卷11）

法眼宗有何特色？

法眼宗在五家禅中成立最晚。该宗开创者为清凉文益（文益住于金陵清凉院，故名）。文益去世后，南唐中主李璟谥以「大法眼禅师」之号，称他所创的宗派为法眼宗。

法眼宗源于青原法系，文益得法于罗汉桂琛。据传有这样一段公案：某天，文益约两个同伴去桂琛处参学。桂琛问他："到什么地方去？"他回答说："行脚。"桂琛又问："行脚干什么？"他答道："不知。"桂琛称赞说："不知最亲切。"第二天文益准备辞行，桂琛觉得他还可以深造，但又不便明白挽留，就指庭前一块石头对他说："你是懂得'三界唯心，万法唯识'这一教义的，试问这石头是在你心外还是心内？"文益回答说："在心内。"于是桂琛提醒他："你一个行脚的人应该轻装，如何能安块石头在心里

❀ **密印寺大殿**

密印寺是沩仰宗的祖庭，至今已有一千多年历史。其开山祖师是高僧灵祐禅师。

普利寺祖庭位于江西宜丰县同安乡洞山，由曹洞宗创始人良价所建，是曹洞宗的祖庭。

到处走动呢？"文益无词可对，便留住月余，仍未开悟，桂琛这才告诉他说："若论佛法，一切现成。"文益于言下得悟。"一切现成"后来就构成法眼宗的主要特色。

当法眼宗成立之时，禅宗其余各家早已形成，并开始出现各种偏差，文益便作《宗门十规论》，对当时禅宗十弊加以指摘。在论中，他以"一切现成"为原则，提出"理事不二，贵在圆融"，"不著他求，尽由心造"的主张，认为"虽理在顿明事须渐证，门庭建化固有多方，接物利生其归一揆"。这就是说，理事圆融并非人为安排，而是本来如此，因而是"一切现成"。这一思想受华严宗影响较大。文益曾用华严宗"六相圆融"教义来论证世界"同异具济，理事不差"，否认事物的真实差别和矛盾。文益弟子天台德韶发扬"一切现成"说，认为，"佛法现成，一切具足，还同太虚，无欠无余"，劝参禅弟子不必离开世间而随处得悟。他后来更用如下诗偈表达这一思想："通玄峰顶，不是人间；心外无法，满目青山。"意思是说，学禅达到顶峰，与人间当然不同；但由于心外无法，则随处都可见到青山（禅境）。文益对这一偈颂评价极高，以为"可起吾宗"。

法眼宗以华严思想入禅，表明禅宗已开始发生变化，出现一种新的趋势。这一趋势便是禅教兼重、融合。后来延寿撰《宗镜录》100卷，进一步对禅宗只重直观不重经典的流弊提出批评。《宗镜录》广引经论，以佛经来证明佛、菩萨和众生皆具清净佛性，"从本以来，性自满足"。

《永嘉证道歌》主要内容是什么？

《永嘉证道歌》乃玄觉所作。玄觉，俗姓戴，温州永嘉人，少年出家，先学天台止观，后往曹溪谒见慧能。《永嘉证道歌》是玄觉进行宗教宣传的通俗文字，在僧俗两界都有很大影响。

❀ 朱熹像

佛教哲学对宋明理学有着广泛而深刻的影响，朱熹虽然十分严厉地批判佛学，但也曾长期浸淫于佛学。

《永嘉证道歌》内容之一，是宣传慧能的禅宗顿悟法门。认为，人人都有如来佛性，如能识得，就能解脱。歌词说："穷释子，口称贫，实是身贫道不贫。贫则身常披缕褐，道则心藏无价珍。""摩尼珠，人不识，如来藏里亲收得，六般神用空不空，一颗圆光色非色。"这里所说的不贫之"道"就是如来藏佛性，因为它是成佛的根本，所以是"无价珍宝"。它就像闪闪发光的珍珠（摩尼珠）一样，因受尘垢所缠而不为常人识得。又认为，认识如来藏佛性应是刹那的"顿觉"，无须多闻多解，歌词"上士一决一切了，中下多闻多不信。但自怀中解垢衣，谁能向外夸精进"。好比是把身上沾了尘垢的外衣脱去，随即显露闪光的佛性。"顿觉了，如来禅，六度万行体中圆。梦里明明有六趣，觉后空空无大千。"这是顿悟如来禅的境界：顿悟之前的认识如人在睡梦之中所见"五道"、"六趣"（五种或六种轮回转生的趋向），顿悟之后则如大梦惊觉，宇宙人生空空如也，远离六道轮回之域。

《永嘉证道歌》另一重点是对"禅"的看法。玄觉认为，禅本质上虽是顿悟的,但并不妨碍参禅问道,说:"游江海,涉山川,寻师访道为参禅。自从认得曹溪路,了知生死不相关。"没有参禅经历,也就不可能最后在慧能处顿悟。进而认为,禅不应该是枯坐终日,而应该表现为"行亦禅,坐亦禅,语默动静体安然"。

上述分析表明,玄觉《证道歌》的基本思想是对慧能顿悟禅的继承。但是,《永嘉证道歌》为后世所重视,还有特殊的原因。歌中有这样两句:"一性圆通一切性,一法遍含一切法。一月普现一切水,一切水月一月摄。"这是一个比喻,意思是说,每一事物所具的性体等同于一切事物,都反映为同一本质"实相";每个人的性与诸佛之性是共通的,共通之性是真如佛性。所以它后面又说,"诸佛法身入我性,我性同共如来合"。每个人能顿悟成佛的根本原因就在这里。这种思想就好比是,天上虽只有一个月,但它映落在所有江河湖泊上,就幻化为无数的月,而这无数的月实际上为天上一个月所融摄。后来理学家朱熹继承并发扬这一思想,在程颐有关学说基础上,提出著名的"理一分殊"说。朱熹认为,宇宙最根本的"理"只是一个"太极",太极是不能分割的整体,是谓"理一"。而万物各有不同的理,万物各自的"一理"分别体现了太极的整体,是谓"分殊"。朱熹曾直接引用《证道歌》歌词来论证自己的观点,说:"本只一个太极,而万物各有秉受,又各自全具一太极尔。如月在天,只一而已,及散在江湖,则随处而见。"(《朱子语类》卷94)"释氏云:一月普现一切水,一切水月一月摄。这是那释氏也窥见得这些道理。"(《朱子语类》卷18)他用这一学说对本体与现象、抽象与具体的关系加以唯心的说明,在中国哲学史上影响很大。

❁ 密印寺小佛
　　密印寺万佛殿四壁墙上嵌有一万两千二百一十八个佛像,宝相庄严。

何谓"华严禅"？

唐代著名僧侣圭峰宗密出身富家，少年时攻读儒书，28岁从荷泽宗道圆禅师出家，修习禅宗。后来，他读到华严宗清凉澄观的《华严经疏》，深有感受，于是又往澄观门下求教数年。由于上述经历，宗密以禅宗和华严宗的学问知识为背景，创立起一种禅与华严融合统一的"华严禅"。

宗密一生，写下许多佛学论著，其中主要是华严宗和禅宗的，在其论禅宗的著作中又体现出华严思想。在《原人论》一文中，宗密提出他的"五教"判教说，其中第五"一乘显性教"实际上是把华严与禅合而为一。

为了更广泛、有效地把禅宗教义与佛教其他各宗加以统一融合，以调和派系之间的矛盾纠纷，宗密的"华严禅"在禅与华严融合的基础上，进一步把禅宗各派与天台、华严、唯识各教统一起来，提出"教禅一致"的思想。这就是裴休所介绍的"以如来三种教义，印禅宗三种法门；融瓶盘钗钏为一金，搅酥酪醍醐为一味"（《禅源诸诠集都序叙》）。这样，不管禅宗有多少派系，也不管禅以外还有什么教派，在宗密的理论体系中都是一家。当然，这一教禅一致说的核心仍是华严与禅的融合。

宗密认为，"诸宗始祖，即是释迦。经是佛语，禅是佛意，诸佛心口必不相违"。经教是佛所说道理的文字记录，而禅则是体现这种道理的修行实践。两者完全一致，都属于佛的亲自咐嘱。自禅宗兴起，号称"教外别传"，与以研习经论为要务的教家形成对立，出现"修心者（指禅宗）以经论为别宗，讲说者（指天台、华严、唯识等）以禅门为别法"的局面，不利于佛教的发展。针对当时禅宗偏离经论的倾向，宗密特别提出，"经论非禅，传禅者必以经论为准"。

更为广义的"华严禅"，是三教合一的思想。隋唐时期，儒、释、道三教鼎立形成，一方面，三教之间有论争；另一方面，三教为适应王朝的统一，调和融合趋势继续

※ 万部华严经塔砖雕菩萨头像

陕西户县草堂寺山门

草堂寺最早创建于公元401年，是中国佛教史上第一座规模巨大的国立翻译佛经译场，鸠摩罗什曾长期在此驻锡。由于佛教中著名的"中观三论"——《中论》、《百论》、《十二门论》都由鸠摩罗什在草堂寺译出，为三论宗的创立提供了经典，所以他被尊为该宗开祖，草堂寺也因此被奉为"三论宗祖庭"。

发展。宗密认为，三教都为共同的社会制度服务，具有一致的利害关系。在教义方面，他认为，三教（尤其是儒、佛）之间在重视孝道方面有一致语言，佛教"五戒"等同于儒家"五常"。

宗密的"华严禅"是佛教中国化过程中的一个重要环节。它试图以禅宗与华严宗思想的融合统一为先导，在更广泛意义上调和佛教宗派矛盾乃至儒、释、道三教矛盾。这一工作所体现的基本方法和理论形式对宋明佛教和宋明理学有重要影响。

后期禅宗沿着"华严禅"的方向展开，把华严宗根本教义"四法界"说、"六相圆融"说、"十玄缘起"说中体现的理事关系纳入自己体系。五家禅中法眼宗讲"十玄"、"六相"，曹洞宗讲"五位君臣"，都大量吸收了华严理事关系说。五代宋初禅僧永明延寿继承宗密教禅一致说，他召集天台、唯识、华严三教大师相互辩论，然后以禅宗思想加以统一。他认为，最与禅意相近的是华严宗，因而把华严的圆修和禅宗的顿悟加以融合是理所当然的。延寿的禅教合一思想影响了整个宋代的佛教界。

李翱与禅僧的关系如何?

李翱是唐代著名文人,曾从韩愈学古文,是韩愈的学生和朋友。他们的学说对宋明理学的形成起过重要作用。

受韩愈影响,李翱曾极力反对佛教。在《请停率修寺观钱状》中,他严厉斥责"佛法害人,甚于杨、墨","实有蠹于生灵"。在《去佛斋》中揭露说:"故其徒也,不蚕而衣裳具,弗耕而饮食充,安居不作,役物以养己者,至于几千百万人,推是而冻馁者几何人,可知矣。于是,筑楼殿宫阁以事之,饰土木铜铁以形之,髡良人男女以居之,虽璇室、象廊、倾宫、鹿台、章华、阿房弗如也。是岂不出乎百姓之财力欤?"但他又认为,"排之(佛教)者不知其心,虽辩而当,不能使其徒无哗而劝来者,故使其术若彼其炽也"。意思是说,排斥佛教的人若不懂得佛学,便难以服佛教徒之心。所以他身体力行,"深入佛之理窟",汲取佛教心性之学为己用,达到排斥佛教的目的。

但当李翱一旦深入佛教学说,便为禅学所吸引,失去自控,投入禅宗怀抱。据《宋高僧传》上说,李翱为朗州刺史时曾谒见禅僧惟俨,由此得悟;后来又遇到紫玉禅翁,从他那儿"增明道趣"(对禅有"百尺竿头,更进一步"的领悟)。《景德传灯录》(卷14)详细记述了李翱参药山惟俨的经过,说:"朗州刺史李翱向师玄化,屡请不起,乃躬入山谒之。师执经不顾,侍者白曰:'太守在此。'翱性偏急,乃言曰:'见面不如闻名。'师呼:'太守!'翱应诺。师曰:'何得贵耳贱目?'翱拱手谢之,问曰:'如何是道?'师以手指上下,曰:'会么?'翱曰:'不会。'师曰:'云

在天,水在瓶。'翱乃欣惬,作礼,而述一偈曰:'练得身形似鹤形,千株松下两函经;我来问道无余说,云在青天水在瓶。'""云在青天水在瓶",这就是李翱所领悟的禅,云在青天飘浮,水在瓶中静止,一动一静,天真自然,不用着心。又载:"翱又问:'如何是戒定慧?'师曰:'贫道这里无此闲家具。'翱莫测玄旨,师曰:'太守欲得保任此事,直须向高高山顶、深深海底行,闺阁中物舍不得,便为渗漏……'李翱再赠诗曰:'选得幽居惬野情,终年无送亦无迎;有时直上孤峰顶,月下披云笑一声。'"可见李翱这时已十分向往禅僧的幽居生活了。

此外,据说李翱又曾在贞元年间(785~805)问道于西堂智藏禅师,在元和初(806)问道于鹅湖大义禅师。总之,他与禅僧的密切关系以及受禅学影响已成为人所共知的事实。

李翱以自己的参禅实践和心性修养,结合儒家《中庸》思想,建立起"复性说"。所谓"复性",用赞宁的话说,就是"谓本性明白,为六情玷污,迷而不返,今率复之。犹地雷之复见天心矣,即内教之返本还源也"。这是儒家性善学说和禅宗"本心清净"的心性论相结合的产物。故《复性书》三篇,"明佛理不引佛书,援证而征取《易》、《礼》而止"(《宋高僧传》卷17)。虽然没有公开引用佛家经论,以示自己仍是儒家信徒,但实际上宣传的却是佛教的思想。

明 文徵明《浒溪草堂图》

唐代士大夫为何执衷于参禅？

宋代儒家学者周必大说："自唐以来，禅学日盛，才智之士，往往出乎其间。"据记载，唐代文人士大夫如颜师古、李子奢、韩愈、颜真卿、王维、王勃、李白、白居易、柳宗元、刘禹锡等都曾与佛学发生联系，其中多半加入参禅者行列，拜倒于各派禅师脚下。

诗人王维曾与大荐福寺道光禅师为友，"十年座下，俯从受教"，并受神会之请，写了《六祖能禅师碑铭》。文学家柳宗元在柳州期间，常与禅僧交往，"一时南方诸大德碑铭之文多出其手"。

❁ 唐代持弓天王像

柳宗元好友刘禹锡与南岳衡山、牛头山、杨岐山等处禅僧有广泛交往，并主张与当时佛教内部融合要求相适应的"方便无非教，经行不废禅"的禅教一致思想。张说长于文辞，朝廷许多重要文件大多出于其手，他也与禅僧频繁往来，撰写了许多有关佛教的像赞、经赞及碑铭。诗人白居易既信道教，又对佛教颇感兴趣，与禅僧也有交往。开元中，诗人杜甫也曾随逐潮流成为禅宗信徒，入蜀后方改信净土。如果说上述人物虽与禅僧关系密切，但对禅宗尚无升堂入室的理解的话，那么，裴休就是另一种类型的人物了。裴休在唐宣宗大中年间曾以兵部侍郎进同中书门下平章事（宰相），一方面他是锐意改革的政治家，另一方面却是虔诚的禅宗信徒。中年以后，裴休断肉食、摒嗜欲，斋居焚香诵经，习歌呗为乐，成为黄檗希运最得意的在家弟子。他曾一再把希运接到任所居住传道，希运的语录《传心法要》便是由他集录并作序的。他还与宗密建立

起十分深厚的友谊，对宗密的禅学有透彻的理解，所以赞宁说："有宗密公，则有裴休相国，非相国曷能知密公。"（《宋高僧传》卷6）

唐代文人士大夫的参禅活动与安史之乱后禅宗南宗的兴起联系在一起。安史之乱前，唐王朝处于鼎盛时期，物质富裕、无忧无虑的生活环境，自由开明的仕进方式，放达自在的言论条件，使整个社会洋溢着一种弘宏自豪、开朗奔放的气氛，文人士大夫心中充满事业上的信心，怀抱着建功立业的热情。这样的社会，佛教彼岸世界的诱惑力主要作用于下层劳动人民。对于上层文化社会来说，佛教只是点缀风雅的玩物，炫耀财富的对象。

安史之乱使文人士大夫从甜蜜的梦幻中清醒过来，美好的理想破灭了，希望和抱负成了泡影。他们带着无限的失望和惆怅转向禅宗，通过逃避现实、寻求精神安慰的方式，以满足心理上的需要。禅宗生活既不坐禅，也不苦行，又不念经，恬乐于山水之间，耳听潺潺流水，目送悠悠白云，吟风啸月，无拘无束，怡然自得，这正是他们梦寐以求的境界。在文人士大夫眼里，它与老庄自然无为、退隐适意的精致高雅生活方式没有不同之处，这等好事，当然令他们趋之若鹜了。所以，史载天宝后诗人多"寄兴于江湖僧寺"，而禅师也均"以诗礼接儒俗"，这就不足为奇了。更有甚者，直接脱离儒门，出家为僧，如荆溪湛然、圭峰宗密、马祖道一、雪峰义存、丹霞天然、云门文偃等，这些人后来都成了禅宗界著名领袖。

❈ **白居易像**

白居易是唐代士大夫崇尚佛教的代表人物之一，他晚年号香山居士，在长期的参禅过程中，形成了自己的佛学思想。

唐代禅林经济状况如何？

唐代佛教的繁荣建立在强大的寺院经济基础上。由于唐王朝对佛教采取利用的政策，寺院和僧尼的数量都比前代有所增加，寺院规模不断扩大。唐武宗时，会昌灭佛给寺院经济以致命打击，旧式寺院经济体系的地位逐渐为新型的禅林经济所替代。

佛教寺院的建造及僧尼日常生活的支出十分惊人，如武则天时期，"倾四海之财，殚万人之力；穷山之木以为塔，极冶之金以为像"（《旧唐书》卷101）。这类广泛的耗资，除了接受帝王、贵族的赐予，官僚、士人的资助，还通过寺院本身的土地经营、高利贷剥削等手段来实现。正如时人李师政借"辩聪书生"的话说："沙门盛洙泗之众，精舍丽王侯之居。既营之于爽垲，又资之以膏腴。擢修幢而曜日，拟甲第而当衢。王公大人助之以金帛，农商富族施之以田庐。"（《广弘明集》卷15）当禅僧尚未从普通寺院分离之前，禅僧享有与其他宗派僧徒同样的物质生活待遇，禅林经济作为独立的经济体系尚未诞生。

公元8世纪中叶，马祖道一首先在江西倡导一种农禅结合的习禅

❀ 敦煌壁画《雨中耕作》，出自《法华经·药草喻品》。该画朴实自然，感觉不到与世间烟火疏离的宗教氛围，生活气息浓郁。

生活，其门徒散居南方偏僻山林，各自创建根据地，聚徒受禅，自给自足。百丈怀海依据禅僧生活特点，改革以往寺院制度，提倡"上下均力"的"普请法"，不再依靠寺院庄园剥削收入，争取到生存的主动权，使禅宗在逆境中得以自立并逐步发展壮大。这实际上是把世俗社会的生产方式和生活方式搬到佛教内部，禅僧除了不聚妻生子以外，几乎完全过着小农经济一家一户的生活，寺主是家长，僧众是"子弟"。

9世纪中叶，江南禅林经济已有了长足的发展，其基本标志是庄园经营方式的出现。见于禅宗典籍，较早的禅林庄园是普愿的池州南泉庄。及至唐末，禅林庄园渐增，如义存在福州的雪峰庄，智孚在信州的鹅湖庄，道一在洪州的麦庄等。禅林庄园的经营，已开始采用租佃制方式，即把土地出租给契约佃农，然后直接向佃农"收其租入"。这是与均田制崩溃以后世俗地主庄园一致的土地经营方式。至此，百丈怀海时期小规模的丛林经济活动已演化为大型的寺院地主经济体系，那种"上下均力"的平等精神已为严格的封建等级关系所取代。唐末五代，禅宗寺院规模不断扩大，大庄园式的封建生产开始形成，如大沩同庆寺，"僧多而地广，佃户仅千余家"。禅林经济的壮大意味着禅宗独盛时期的到来。

入宋以后，随着城市的繁荣、城乡手工业和商业的发展，禅宗寺院的经济生活也进一步世俗化。除了"长生库"质钱取利的当铺为纯粹高利贷经营外，寺院还普遍开设碾房、店铺、仓库等商业性服务项目，以扩大赢利。寺院内部职事越来越多，分工日趋细密，上下等级之分更为严格。上层禅僧早已演变为封建庄园贵族，享受与世俗地主同等的社会待遇。寺院生活与世俗生活本质的一致性在这时已暴露无遗。参禅学佛既可逃避赋税徭役，又可不离世俗生活，寺院也就成为人们向往的场所。

※ 唐神龙元年造像碑

什么是「黄龙三关」？

临济义玄法嗣中经七世，至石霜楚圆时，分出两派，即黄龙派和杨岐派。黄龙慧南在江西洪州黄龙山设「三转语」即「黄龙三关」接引参学者，门徒众多，形成一派宗风。

什么是"黄龙三关"？据记载，"师（慧南）室中常问僧'出家所以，乡关来历'。复扣云：'人人尽有生缘处，哪个是上座生缘处？'又复当机问答，正驰锋辩，却复伸手云：'我手何似佛手？'又问诸方参请宗师所得，却复垂脚云：'我脚何似驴脚？'三十余年，示此三问，往往学者多不凑机，丛林共目为'三关'。"（《建中靖国续灯录》卷7）

早在怀海时，就曾以"三句"盘问参学者，说："有大智人，破尘出经卷，若透得三句过，不被三段管教家举，喻如鹿三跳出网，唤作缠外佛。"又说："但是一句各有三句，个个透过三句外。但是一切照用，任听纵横。但是一切举动施为，语默啼笑，尽是佛慧。"（《古尊宿语录》卷2）怀海这一思想不仅影响了义玄的"三玄三要"说，而且还可以看做慧南"三关"说的渊源。

如何理解"黄龙三关"？

据慧南自己回答说："已过关者掉臂而径去，安知有关吏；从关吏问可否，此未过关者。"并自作三颂说："生缘有路人皆委，水母何曾离得虾；但得日头东畔出，谁能更吃赵州茶。""我手何似佛手，禅人直下荐取；不动干戈道出，当处超佛越祖。""我脚驴脚并行，步步踏着无生；会得云收月皎，方知此道纵横。"（《人天眼目》卷2）根据这种回答，说明设此三关的用意是在针对当时的文字禅而试图展开一种简易的、令人触机即悟的教学方式，不致让参学者陷于言句之中，重新恢复过去那种明快的禅风。所谓"未过关者"，意为尚未建立自信，没有得悟。一旦内外彻悟，犹如通过关隘，任运自由，"掉臂而去，纵横自在"。这里的关键在确立自信，即所谓"不问关吏"。

慧南自己的偈颂，是对"三关"实质的说明，描述了怎样"悟"、以及"悟"后的境界。所谓"三关"，实指开悟的三个阶段。一是"初关"，二是"重关",三是"生死牢关"。它们的关系是一"破",二"透",三"出"。初关,是要求参学者首先破除世俗"邪见",立一切皆空的"正见",建立彻底的唯心主义世界观("生缘":佛教认为,人的生命由四大和合而暂存,一旦因缘归尽,即时回复空无,故名。"水母":海蜇,常浮游于水面,众虾依附以为栖息之所,以此譬喻人生空幻的本质)。重关,是说由于悟得一切皆空的道理,故而明白所见宇宙万有只是一心所现,原来境智一体、融通自在。我手与佛手本质上无所差别,等同佛体,只在于禅僧是否即刻体验到。这时便进入精神上的相对自由境界。它的要点是使禅僧"直下"领悟,当处"超佛越祖"。最后是出"关"即"悟"后的境域,这个境域好比是"鹭鸶立雪非同色",既与本体契合融会,又有独立的主体。说明已获得绝对的精神上的纵横自由,"步步踏着无生"("无生",与涅槃、实相、法性等含义相同)、"云收月皎"是这种自由的形象比喻。至此境域,便出"生死牢关",实现禅僧根本目的。

正如义玄的"三玄三要"过于玄奥,难以为一般禅僧接受,更不易付诸实践一样,慧南的"黄龙三关"后来也成为烦琐玄虚的东西,但通过分析,其中表达的思想我们还是能够有所了解。

❀ **佛教故事**

佛教故事反映了慈悲、行善、放下、随缘、度己度人等佛学思想。是佛教艺术的重要组成部分。

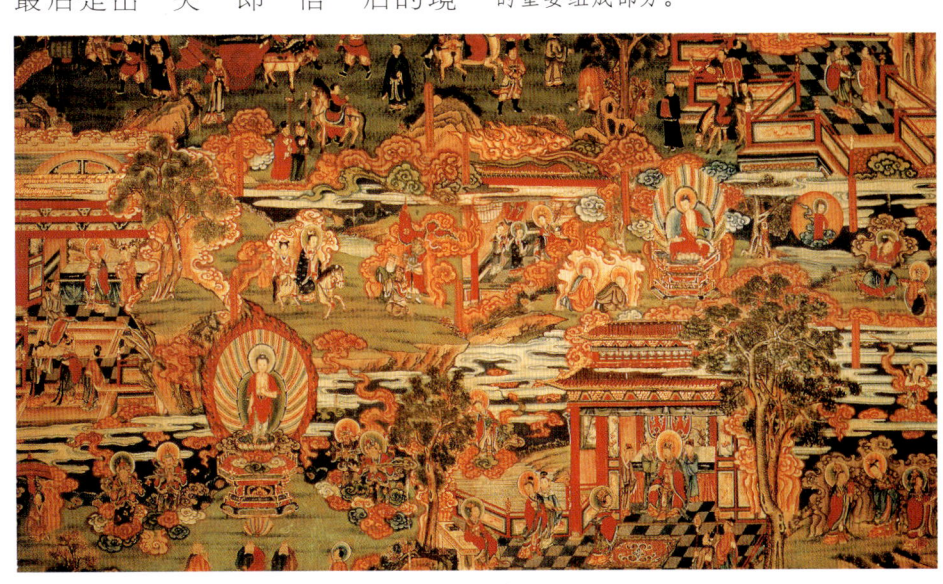

杨岐派有什么特色？

杨岐派是与黄龙派并立的禅宗临济宗派别。因开创人方会住于袁州杨岐山（今江西萍乡县北），故名。杨岐派的基本思想没有离开临济宗的体系，主张"立处即真"的自悟，因为"立处即真，者里领会，当处发生，随处解脱"，"一切法皆是佛法"。

方会提倡义玄的痛快淋漓、不容拟议的禅风，自称："杨岐一要，千圣同妙；布施大众，果然失照。杨岐一言，随方就圆；若也拟议，十万八千。杨岐一语，呵佛叱祖；明眼人前，不得错举。杨岐一句，急著眼觑；长连床上，拈匙把箸。"（《杨岐方会和尚语录》）这就要求禅僧不应在文字语言上下工夫，而应加强禅的直观训练。

但杨岐派也有自己独特的风格。据《语录》载，方会对参学弟子们曾说："雾锁长空，风生大野，百草树木作大狮子吼，演说摩诃大般若，三世诸佛在尔诸人脚跟下转大法轮。若也会得，功不浪施。"这意思同云门宗"三句"

日本黄檗宗历代祖师像

中"函盖乾坤"一句颇为相似。因而有人认为杨岐派"提纲振领大类云门"，而方会"其勘验锋机又类南院"（南院，义玄二传弟子慧颙）应该说，杨岐派的风格既坚持了临济正宗的特点，又包容吸收了云门宗的特点。北宋初期，临济、云门两宗共盛，随着佛教内部融合思潮的兴起，禅风上的互相吸收补充是完全可以理解的。

在教学原则上，杨岐派具有灵活自然的特点。方会认为，接引参学弟子时，应善于诱导，把握时机，步步启发。"问：'雪路漫漫，如何化导？'师云：'雾锁千山秀，迤逦问行人。'"有人问他，你究竟继承了谁家禅法，发扬了谁家宗旨呢？他公然回答说："有马骑马，无马步行。"意思是说，我的禅并无成规可拘，可以根据具体情况灵活运用各家宗风。

由于方会继承了临济宗的基本思想，综合了临济、云门两家的禅风，同时采取灵活的手段接引参学者，从而使杨岐派在激烈的派系竞争中取得优势地位，其法系能长期流传下来，文政和尚在为方会《语录》所作序中给予他的思想和风格以很高的评价，说："当时谓（怀）海得其（指道一）大机，（希）运得其（指道一）大用；兼而得者，独会师欤！"又说他能"振领提纲，应机接诱"。正因如此，在黄龙法脉断绝以后，杨岐派恢复了临济宗名称；临济宗后期的历史，也就成了杨岐派的历史。

❀ 日本禅寺的庭院

什么是「公案」？

「公案」，原指官府判决是非的案例，禅宗借用它专指前辈祖师的言行范例，从中领会禅的意义。广义上说，凡禅宗祖师的「上堂」或「小参」所发表的看法（话头），都是公案；师资间、弟子间的「机锋」（机缘语句）、现存的全部禅师「语录」或「偈颂」，也都是公案。

"公案"又名"话头"或"古则"。黄檗希运《传心法要》上说："既是大丈夫，应看个公案！"可见，佛教"公案"一词早在唐末已出现。但"公案"被大量应用于禅僧的参禅活动，则当在五代宋初。《碧岩录》三教老人序说："尝谓祖教之书谓之公案者，倡于唐而盛于宋，其来尚矣。"希运反对禅僧读诵经典，却主张研习公案，事实上是把公案提到与佛经同等地位看待。禅宗认为，是否对禅的宗旨予以领会，应取公案加以对照。因而，公案既是探讨祖师思想的资料，又是判断当前禅僧是非的准则。

禅宗公案不胜枚举，其中流传最广的有"野鸭子话"一则，被收录于《碧岩录》（第53例）。原文如下："马大师与百丈行次，见野鸭子飞过。大师云：'是什么？'丈云：'野鸭子。'大师云：'什么处去也？'丈云：'飞过去也。'大师遂扭百丈鼻头，丈作忍痛声。大师云：'何曾飞去'？"一般所传公案都比较简略，语带玄昧，意义很费揣摩，作为教学之用，往往发生困难，所以后人便以"颂古"方式略开方便法门，代作解释，使我们也能领会其大概。汾阳善昭对这一公案作了颂，说："野鸭飞空却问僧，要传祖印付心灯，应机虽对无移动，才掐纲宗道可增。"意思是说，野鸭飞空本来是平常的事，但马祖却要发问，正是要在这一问中传灯与百丈。百丈的对答，首句答野鸭子是正确的，因为指的是眼前事实。马祖再问飞向何处，已不是指野鸭，而是指心在哪里。百丈回答飞去了，便是指心随野鸭飞走了，所以马祖要掐他的鼻子，把他的错误思路纠正过来。

再举一例。"赵州示众云：'至道无难，唯嫌拣择。才有语言，是拣择，是明白。老僧不在明白里，是汝还护惜也无？'时有僧问：'既不在明白里，护惜个什么？'州云：'我亦不知。'僧云：'和尚既不知，

为什么却道不在明白里?'州云:'问事即得,礼拜了退。'"这一则公案也被收录于《碧岩录》(第2例)。赵州从谂是马祖道一法孙(南泉普愿弟子)。这一公案比较容易理解。赵州说"至道无难,唯嫌拣择",是指禅的根本法则。"拣择",即分别;语言文字也是拣择,是一种分别知识。所以赵州说他"不在明白里",即对世界无是非、无分别。《景德录》上有一段南泉与赵州的对话记录,说的便是这一问题:"南泉因赵州问:'如何是道?'泉曰:'平常心是道。'州曰:'还可趣向否?'泉曰:'拟向即乖!'州云:'不拟争知是道?'泉云:'道不属知,不属不知;知是妄觉,不知是无记。若真达不疑之道,如太虚廓然洞豁,岂可强是非也。'州于言下大悟。"现在赵州便用他老师的开示转授自己的弟子。问话的禅僧也不简单,反问他:"您不明白,无所知,那怎么还跟我们说法呢?"赵州只得说:"我也不知。"禅僧又抓住了话头,因为所谓"不知"便应与"知"相对看待,也是一种分别知识,所以又问:"您既不知,为什么却说不在明白里?"赵州只得说:"因为有人问起,所以不能不说。"

当公案尚未定型之前,师资间通常应机而提示话头,机锋激烈,富有生气。但当它定型化以后,师资间便在有限的一些公案上转圈子,成为机械化的"公案禅",实际上堵塞了禅的发展道路。

❀ 山西大同华严寺千手千眼观音菩萨壁画

何谓"看话禅"?

"看话禅"又名"看话头",它是后期禅宗对"公案"运用的一种独特方式。提倡者是两宋之际杨岐派禅僧大慧宗杲。

在宗杲以前,通常把公案当做正面文章来理解,但宗杲认为直接从公案上并不能看到祖师的真实面貌,应该提出公案中某些典型语句作为"话头"(题目)加以参究。这种方式的目的,是要作"杜塞思量分别之用","扫荡知解"。其结果,"如莲开花,如披云月见,到恁么时,自然打成一片"。这实质是对当时盛行的"文字禅"作出的反应。宗杲反对在文字语言上对公案内容进行解剖,主张内省的、非理性主义的神秘体验。他认为,"有解可参之言乃是死句,无解之语去参才是活句"。

看话禅最常见的"话头"有如下一些:"父母未生以前,如何是本来面目?""念佛者是谁?""狗子有无佛性?"现以"狗子有无佛性"一则予以说明。这是有关赵州从谂的公案,最早见于《传心法要》及《赵州语录》,后来《无门关》、《从容录》、《五灯会元》等都加以采录。希运《传心法要》说:"僧问赵州:'狗子还有佛性也无?'州云:'无。'但去二六时中看个'无'字!昼参

❀ 敦煌壁画《五台山图》

夜参,行住坐卧、着衣吃饭处,屙屎放尿处;心心相顾,猛著精彩,守个'无'字。日久月深,打成一片,忽然心华顿发,悟佛祖之机,便不被天下老和尚舌头瞒,便会开大口。"看话禅发挥这一思想,既不论这一公案是否与当前有关,也不参究这一公案的内容,而是把赵州这一"无"字取出来,始终作为参究之用。

据宗杲意见,看话禅的关键是"疑",如在"无"字上生出疑团,"大死一番",然后再"绝后复苏",获得大彻大悟。他说:"千疑万疑只是一疑,话头上疑破,则千疑万疑一时破。话头不破,则且就上面与之厮捱。若弃了话头,却去别文字上起疑,经教上起疑,古人公案上起疑,日用尘劳中起疑,皆是邪魔眷属。"(《答吕舍人》)宋代禅僧无门慧开著《无门关》,把赵州"无"字公案列为第一则。认为,这"无"字是宗门第一关,如透得过这一"无"字,不但亲见赵州,而且可与历代祖师把手共行,同一见地。他提出:"将三百六十骨节,八万四千毫窍,通身起个疑团,参个'无'字,昼夜提撕。莫作虚无会,莫作有无会,如吞了个铁热丸相似,吐又吐不出,荡尽从前恶知恶觉;久久纯熟,自然内外打成一片,如哑子得梦,只许自知,蓦然打发,惊天动地,……于生死岸得大自在。"这点与宗杲意见是一致的。"疑"的对象,是现实世界的种种差别现象。参究"无"的结果,便是获得神秘的、不可言说的境界,"脱离"生死,获"大自在"。

在禅宗看来,世界的本质是无,绝对的无(既非有,也非通常的无)。"无"既超越一切,也便包含了一切,所以它又是禅的究极,等同于心、佛、真如。对"狗子有无佛性"来说,回答"无",这"无"是超越有、无的"无",是绝对境域上的无。根据禅的立场,宇宙万物作为虚幻之相为超越对立地存在、生、死也是如此,但世人却认生死为对待,所以无法得到解脱。而在"无"的境地上看,就不会有种种差别对待。很显然,看话禅根本原则是要禅僧坚定唯心主义立场,认为只在这种无客观世界、无主体认识、无矛盾对立、无生死差别的绝对统一的无意识中,才能"得大自在"。

何谓「默照禅」？

在宗杲提倡「看话禅」的同时，正觉（智）提倡另一种叫做「默照禅」的禅法。正觉是宋代曹洞宗的重要人物，曾在明州天童寺住持30余年，故名天童正觉。「默照禅」是以静坐看心为根本的禅。

正觉认为，心是诸佛的本觉、众生的妙灵，但因积习昏翳而与诸佛相隔。如能静坐默究，净冶揩磨，把所有的妄缘幻习去掉，便能显示洁白圆明的妙灵之体。他以此思想为背景，提倡"默照禅"。他说，默照禅"没有许多言语，默默地便是"，"你向其间卜度，虚而灵，空而妙。"（《天童正觉禅师广录》）。通过静坐默照，体悟虚灵空妙的心体。正觉的《默照铭》说，静坐入定，"默默忘言、昭昭现前"是参悟的正道，"默为至言，照惟普应，应不堕于功，言不涉于听"，只管合目闭眼，沉思冥想，就会产生般若智慧。正觉认为，参禅是身心脱落，只要打坐，便是和佛祖相见的时节，不用烧香、礼拜、念佛、修忏看经。故如净对禅的修习，一味偏重于打坐。

正觉的默照禅受到宗杲的猛烈攻击，他说："今时有一种剃头外道，自眼不明，只管教人死狙地休去歇去。……又教人随缘管带，忘情默照。照来照去，带来带去，转加迷闷，无有了期。殊失祖师方便，错指示人，教人一向虚生浪死。"（《答郑侍郎》）认为忘情默照与禅宗顿悟宗旨相反，不能使人真正由迷转悟。以为摄心静坐，只会落入外道、二乘（声闻、缘觉）的"禅寂断见"、"闭眉合眼"境地，达不到"明心见性"的禅宗见地。这种不求妙悟，只须静坐的禅虽然省力，但危害不浅，尤其是对士大夫更为有害。

"看话禅"和"默照禅"表现为宋代禅宗内部临济宗与曹洞宗在思想和风格上的对立。"默照禅"重视观心、看心、凝住壁观，它反映了宋代曹洞宗向达摩禅回归的趋势，在形式上更接近于神秀系北宗禅。虽然在禅学思想和风格上彼此非难，互不相让，但在个人交谊上，宗杲与正觉却友好相处。正觉生前曾帮助宗杲解决过僧众资粮问题；正觉去世后，宗杲按照他的遗言，为之主丧事，并为其遗像作赞。

明教契嵩的思想特色是什么？

明教契嵩是活跃于宋仁宗时代的禅宗云门宗著名僧侣。他一生著述百余卷，三十余万字，其中最能反映他思想特色的是《辅教编》3卷。契嵩思想的主要特色是「三教合一」论。

所谓"三教合一"，是指儒、释、道三教的调和、融合、统一。《辅教编》一书的中心，就是"广引经籍，以证三家一致，辅相其教"。契嵩认为，三教名目虽然不同，但目的是一致的，区别仅在深浅和功用上。

契嵩的"三教合一"论，突出宣传了忠孝观念。《辅教编》中有《孝论》12章，针对唐代韩愈、宋代欧阳修等人的排佛言论以及理学家的伦理观念，以儒、释在孝道论上的一致说进行调和。在《辅教编》的《原教》章中，契嵩从理论上说明忠、孝的一致性和对帝王竭忠、对父母尽孝的必要性，着重指出"佛之道""亦有意于天下国家"的道理。在《中庸解》中更认为，人身修养得从"中庸"开始，进而修习仁义五常，由个人的正心、诚意、修身才能达到齐家、治国、平天下的理想。这是把儒家的伦理原则视为禅的生活准则了。

宋代提倡三教合一、援儒入佛的禅僧，除了明教契嵩，还有永明延寿、大觉怀琏、佛印了元、圆悟克勤以及大慧宗杲等人。如佛印了元向王安石直接提出融合三教的口号："道冠儒履佛袈裟，和会三家作一家。"而大觉怀琏则曾描绘过三家合一后融和欢乐的图景："若向迦叶门下，直得尧风荡荡，舜日高明，野老讴歌，渔人鼓舞。当此之时，纯乐无为之化。"

契嵩的思想和活动在当时引起了强烈反响，并对后世佛教思想产生了重大影响。契嵩名震海内，他的著作也由宋仁宗敕"传法院"编入《大藏经》。

契嵩为代表的宋代禅宗三教合一思想，是历史上三教关系长期发展的产物。宋代禅僧更进一步深入、全面而又有重点地将佛教思想与儒、道思想加以调和融合，契嵩的思想特色反映了佛教对儒家学说的屈服和妥协。

◎佛教小百科◎ 禅宗

大慧宗杲为何提倡"忠义之心"说？

两宋之际的禅宗代表人物大慧宗杲除了提倡看话禅，还提出"忠义之心"说。他认为，佛教徒也应该与世俗忠义之士一样，具有忠君爱国的思想品格，他把学佛与忠君并论，把禅教的菩提心与儒家的忠义心并提。

宗杲说："菩提心则忠义心也，名异而体同。但此心与义相遇，则世出世间，一网打就无少无剩矣。"又说："未有忠于君而不孝于亲者，亦未有孝于亲而不忠于君者，但圣人所赞者依而行之，圣人所呵者不敢违犯，则于忠于孝，于事于理，治身治人，无不周旋，无不明了。"他宣称："予虽学佛者，然爱君忧国之心与忠义士大夫等，但力所不能而年运往矣。"（《大慧语录》卷24）宗杲去世后，张浚在为他所撰的《塔铭》中称颂说："师虽为方外士，而义笃君亲，每及时事，爱君忧时，见之词气。"

事实上，宗杲也确曾在他的禅僧生涯中实践过"忠君忧时"的思想。据《宋史·张九成传》说："先是，径山僧宗杲，善谈禅理，从游者众，九成时往来其间。桧恐其议己，令司谏詹大方论其与宗杲谤讪朝政，谪居南安军。"张浚《塔铭》也记载说："（宗杲）所交皆俊艾，当时名卿如侍郎张公子韶（九成）为莫逆友，而师亦竟以此遇祸。盖当轴者恐其议己，恶之也。毁衣焚牒，屏居衡州凡十年，徙梅州五年。"张九成曾因在朝中论灾异时政，述及权相秦桧，又赞同赵鼎反对和金之议，受秦桧妒恨，被弹劾落职。宗杲与张九成交游，不愿阿附秦桧，也就同样成为秦桧打击对象。

❀ 大慧宗杲手札

这件事的直接原因是所谓"神臂弓事件"。南宋绍兴十一年（1141），张九成至径山拜访宗杲，语及"神臂弓"（克敌象征），《云卧书》说："今山僧（宗杲自称）却谓侍郎（九成）禅为'神臂弓'。未免以偈见意曰，'神臂弓一发，穿过千重甲。仔细拈来看，当甚臭皮袜'。"不久，"侍郎遭台评，被及教师（指宗杲）有衡阳之行。盖是时朝廷议兵，而'神臂弓'之论，颇纷纭。"可见，宗杲曾有意识借"神臂弓"以发挥，而秦桧也确认这是在影射自己反战求和。宗杲被流放衡州、梅州十五年，僧俗追随如初，"虽死不悔"。可见他在当时人们心目中也是一位具有民族感情的爱国僧侣。

宋以前儒家讲孝，重点在"移孝为忠"，忠孝问题落实到对君主的绝对服从，但从宋代开始，"忠君"与"爱国"往往相提并论。在宋代，无论是正统的理学家（如程朱），

❀ 杭州六和钟亭

六和钟声自古是杭州一景。据传，北宋时武松在随宋江镇压方腊起义后，在钱塘江边听闻六和钟声，遂削发出家，高寿而终。

还是理学内部的反对派（如陈亮、叶适），都视忠君爱国为做人的最高标准。佛教向来以脱世离俗，与世事无缘标榜，僧侣既已出家，以释为姓，也便割断了与父母的联系，不受世俗伦理观念的约束。宗杲把自己的宗教实践与忠君爱国的世俗理想密切配合，深刻反映了当时内忧外患的社会现实对佛教的影响；为了迎合世俗生活的实际需要，佛教在宋代已直接把忠孝节义当做自己教义的组成部分。

何谓"念佛禅"？

"念佛禅"指禅宗有意识吸收净土宗的信仰和实践，造成禅净融合的新体系。禅僧的身份没有变，但把日常修持重心转移到了念佛上。这一局面是从宋代开始出现并发展起来的，反映了宋代佛教禅宗的又一重大特点。

念佛是净土宗修行的基本内容。相传东晋时释慧远在东林寺立"莲社"，发愿往生西方净土。东魏汾州玄中寺僧昙鸾受菩提流支影响，提倡一心专念阿弥陀佛，可入西方净土。隋唐间僧人道绰在玄中寺见昙鸾碑，生仰慕之情，归心净土，他劝人口念阿弥陀佛名字，以豆粒计数。道绰去世后，善导入长安宣传念佛法门，完成净土宗的教义和行仪。净土宗以称名念佛为特色，主张依他力（弥陀愿力）而往生西方"极乐世界"，由于它简单易行，所以对民众的吸引力很强，社会影响广泛。

延寿是"禅净融合一致"说较早的积极倡导者。他在《万善同归集》一书中引用净土宗僧侣慧日有关禅净双修的观点，认为佛教的一切修行都是善行，它们最后都要归向净土。据载，他"日课一百八事，未尝暂废，学者参问，指心为宗，以悟为则。日暮往别峰行道念佛，旁人闻螺贝天乐之声"（《佛祖统纪》卷26）。可见他一方面以禅师的身份开导参学弟子，另一方面又致力于念佛实践。某种意义上说，延寿的宗教实践是以回向净土为根本目的的，他常"夜施鬼食，昼放生命，皆回向庄严净土"，"诵经万善庄严净土"。在他的参禅念佛"四料拣"偈中，把禅净双修视为全部佛教修行的最高层次，说："有禅无净土，十人九蹉路；阴境若现前，瞥尔随他去。无禅有净土，万修万人去；但得见弥陀，何愁不开悟。有禅有净土，犹如戴角虎；现世为人师，来生为佛祖。无禅无净土，铁床并铜柱；万劫与千生，没个人依怙。"

契嵩也主张禅净融合一致，并身体力行。他"夜分诵观世音名号，满十万声则就寝"（《林间录》卷上）。义怀也以禅僧身份教人修习净土，还专门撰写了《劝修净土说》一文。宗赜先是兼学禅教，后又转向禅净融合；他曾建"莲华胜会"，规定凡预会者，无论僧俗，都要同声称念弥陀佛名号，据念佛之数"以辨功课"。此外，著名禅师圆通法秀、照圆宗本等，也都主张并实践禅净一致双修。总之，"念佛禅"已逐渐成为禅宗发展的重要趋向。

在"念佛禅"兴起和发展过程中，官僚士大夫起过有力的推动作用。宋代官僚士大夫热衷于参禅学佛，他们不仅与禅僧诗文相酬，表达共同意趣，而且通过结社活动表达一致的念佛净土信仰。如苏轼曾与东林常总在庐山东林寺集道俗千余人建禅社，晚年致力于净土念佛实践。归依天衣义怀的官僚杨杰，既"明悟禅宗"，又"阐扬弥陀教观，接诱方来"。他认为，念佛往生西方净土，最"简而易行"，只要"一心观念，总摄散心"，依靠弥陀愿力，便可抵达极乐世界。又如文彦博兼译经润文使时，在京与净严禅师结僧俗10万人念佛。

不同历史时期的佛教表现出不同的性格和特点。南北朝时期学派纷争，隋唐时期宗派并立。隋唐宗派各具特色，即使各宗内部也是各派"宗眼"分明。宋代佛教则致力于模糊宗派分歧，消融诸派特色，调和三教关系。"念佛禅"的兴隆表明，唐末五代时禅宗的性格特点正在被最平易通俗的宗教实践所取代。

❀ **虚堂智愚行书《法语》**
虚堂智愚是活动于南宋时期的一位高僧，这幅墨迹是他八十岁时写给日本僧人的法语。

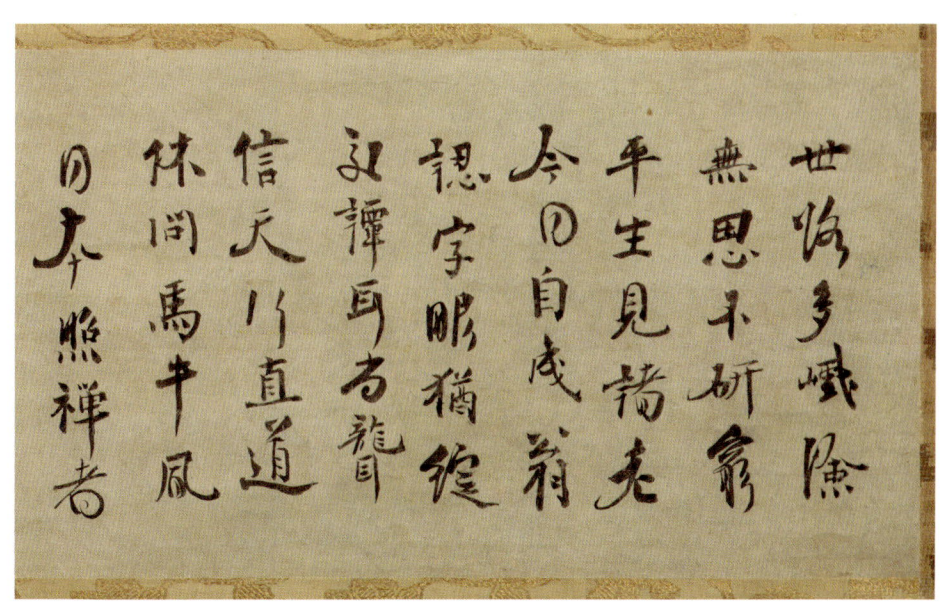

宋代有哪些士大夫参禅？

官僚士大夫的参禅学佛，在唐末五代已相当普遍，至宋代则进入了一个新的阶段。据归云如本和尚《丛林辨佞篇》所载，宋代上层官僚士大夫如富弼、杨亿、李遵勖、杨杰、张商英、张九成、李邴、吕本中等都曾热衷于禅学。

这些官僚士大夫于"脱略世俗"中"栖心禅寂"。富弼于仁宗朝官拜枢密副使，后与文彦博并相；英宗朝拜枢密使，封郑国公。他问道于云门宗天衣义怀的法孙投子修，往来书信偈颂甚多。杨亿于真宗时入翰林为学士，兼史馆修撰，后拜工部侍郎；李遵勖于真宗时为驸马都尉。他俩与临济宗义玄五世孙广慧元琏以及谷隐蕴聪关系颇为密切，又与石霜楚圆激扬酬唱。杨杰官至礼部员外郎，他与杨岐方会弟子白云守端频繁交往，获得证悟。张商英于哲宗时为工部侍郎，迁中书舍人，徽宗初为吏部、刑部侍郎，翰林学士，后拜尚书右仆射，他参学于黄龙慧南法孙兜率从悦门下，扣关击节，彻证源底。张九成中进士第一名，入仕为佥判、著作郎、礼部侍郎兼侍讲；李邴于徽宗时除给事中、同修国史兼直学士院，迁翰林学士，高宗绍兴初拜尚书右丞、参知政事；吕本中官至直学士。上述三人在大慧宗杲处"登堂入室，谓之方外道友"。此外，著名文人黄庭坚于哲宗元年间住黄龙山，"与晦堂和尚游，而与死心新老、灵源清老尤为方外契"（《罗湖野录》卷上）。晦堂祖心、死心悟新、灵源惟清均为黄龙派著名禅师。欧阳修在读到契嵩《辅教编》后改变排佛立场，

欧阳修像

欧阳修早期反对佛教，在晚年对佛教思想有所改变，对佛法有所体悟。

后来游庐山东林圆通寺，遇祖印居讷禅师，两人谈论禅学，折中儒佛，颇为投机，并对居讷"肃然心服"。一代文豪苏轼曾得法于东林常总，又与佛印了元为方外道友，热衷于参禅生活。由此可见，官僚士大夫的参禅学佛在宋代达到全盛，成为当时社会生活的一个重要内容。就连宋高宗也深有感慨地说："朕见士大夫奉佛者多。"

在这一历史潮流冲击下，即使那些以反佛排佛标榜的理学家们也几乎无不与佛教（尤其是禅宗）发生关系。如理学奠基人周敦颐曾参禅于黄龙慧南，问道于晦堂祖心，谒见佛印了元，师事东林常总。程颐与禅僧灵源惟清保持密切关系，现尚有两人往来书信保存于《灵源笔语》和《禅林宝训》中；而他的坐禅入定功夫则为世人所共知，"程门立雪"故事即其一例。理学集大成者朱熹自述年十五六时，"亦尝留心于此（禅）"，曾"理会得个昭昭灵灵底禅"，十八岁应举考试前，箧中只有《大慧语录》一帙。他曾说："今之不为禅学者，只是未曾到那深处，才到深处，定走入禅去

※ 苏轼像

受禅宗的影响，苏轼在秉承儒家积极进取的精神的同时，吸取了佛门随缘自适的思想，成为禅宗影响于中国文化的典型。

也。"（《朱子语类》卷6）意思是说，如对禅的修习功夫深了，就会自然而然地投入它的怀抱。

影响所及，就连皇帝也要与禅僧打交道，表示自己的风雅高洁，如宋孝宗曾向宗杲、德光、道枢、宝印等禅僧问及"禅道之理"。

宋代士大夫参禅原因何在？

宋代官僚士大夫参禅之风盛行，究其原因，大致有以下三个方面。第一，所谓"儒门淡薄，收拾不住"。第二，官场受挫而遁入空门。第三，与禅僧诗文相酬。

唐末五代长期的战争动乱对官僚士大夫的政治地位和经济地位带来直接的严重威胁。宋代表面虽还繁荣安定，常给人以虚假的安慰。实际上，这一王朝始终处于内忧外患之中，300年间，中国境内存在着几个民族政权并立的局面。北宋的北边有辽、夏政权，西南有吐蕃政权，以后又有从东北崛起的金政权。宋、金对峙，亘北宋至南宋。南宋末年，漠北蒙古政权兴起。宋境内，农民阶级的反抗斗争此伏彼起，从未停歇；统治阶级内部的矛盾斗争愈演愈烈。唐代有长期的朋党之争以及宦官专权之患，两宋则有无休止的新法旧法之争和新党旧党对立。这些斗争即使表现形式各不相同，但其结局往往十分残酷无情。它很容易使人联想到佛教所说的"四大皆空"、"诸行无常"，人生变幻莫测，世事难以预料。苏轼、欧阳修、王安石、黄庭坚等大多有过类似经历，为此，面对大

隋唐以来的科举取士制度可以笼络部分知识分子，使他们踏上仕途，但它所表现的日益脱离实际、不重实学的倾向并不能长期起到振奋精神的作用。倒是佛教禅宗以它独特的心性学说和接引风格给文人士大夫以强烈的刺激。高官厚禄、荣华富贵可以满足他们的物质欲望，却无力战胜禅宗的心性之说。儒家传统的伦理说教在佛教盛行之时逐渐失去慑服人心的作用。所以张方平说，马祖、丹霞等人才力不在孔孟之下，可惜的是"皆归释氏"。

❀ 欧阳修曾主张排佛，但晚年潜心佛学，诵持《华严经》，自号"六一居士"。

千世界的沧桑变化、世态炎凉,作出漠然无事、淡泊无为的反应,内心则充满人生如梦、朝夕异世的伤感。正如时人供认:"一生做官今日被谪,觉见从前但一梦耳。"(《丛林盛事》)王安石晚年有诗道:"身如泡沫亦如风,刀割香涂共一空;宴坐世间观此理,维摩虽病有神通。"大有看破红尘之感慨。苏轼"自为举子,至出入侍从,忠规谠论,挺挺大节,但为小人挤排,不得安于朝廷,郁无聊之甚,转而逃入于禅"(《宋元学案·苏氏蜀学案》)。黄庭坚谪居黔南时,制酒绝欲,利衰毁誉,读《大藏经》三年,一日道中昼卧,觉来廓尔开悟。

宋代一部分禅僧受时代影响,注意三教思想的融合吸收,文化素养较高,既通禅理又具文采的禅僧从丛林中脱颖而出,成为与文人士大夫直接交往的代表。佛印了元"凡四十年间,德印缁白,名闻幼稚,缙绅之贤者,多与之游。苏东坡谪黄州庐山对岸,元居归宗,酬酢妙句,与烟云争丽"(《禅林僧宝传》卷29)。金山昙颖、广慧元琏也都

胡璋 《坡公参禅图》(立轴)

以才学而为士大夫"歆艳"。觉范慧洪更是才气横溢:"落笔万言,了无停思。其造端用意,大抵规模东坡,而借润山谷"(《僧宝正续传》卷2)。苏轼曾说,吴越多名僧,与他相善的"常有十九"。文人士大夫们出于自身生活情趣和精神需求,乐意与这类禅僧结交。他们可借禅之名,或消磨时日、自我陶醉,或放浪形骸、玩世不恭。寺院的自然环境、禅家的教学方式、禅僧的诗文言辞有助于文人士大夫暂时抛却世事烦恼,正如由儒转释的饶节德操《山居颂》所云:"几被儒冠误此身,偶然随分作闲人;二时斋粥随缘饱,长短高低一任君。律师持律笑禅虚,禅客参禅笑律拘;禅律二途俱不学,几个男儿是丈夫。"这是比较典型的思想。

禅宗怎样影响理学？

一批儒家学者在两宋统治者支持下，汲取、消化佛教和道教的思想，尤其汲取佛教长期酝酿并发展成熟了的心性学说，建立和完善起新的哲学思想体系——理学。

理学一再提倡和着意标榜的"内圣外王"，实质上是儒、释、道合一的东西，是儒家治世事功和佛教精神境界以及道教神形仙骨统一的理想标准。

佛教对理学形成起直接作用的是禅宗。通常认为，理学基本范畴"理"、"事"出自华严宗，但我们知道，华严宗在宋代已极其衰微，典籍散佚殆尽，倒是禅宗还表现出相对的繁荣。宋代禅僧以"华严禅"为背景，往往兼习华严教义，阐发理事（体用）关系。事实上，宋儒接受华严理事关系说，主要通过与禅僧的频繁交往。据《居士分灯录》载，禅僧圆悟克勤曾谒大官僚张商英于荆南，两人"剧谈华严要旨"。克勤说："华严现量境界，理事全真，初无假法。所以即一而万，了万为一，一复一，万复万，浩然莫穷。"他又告诉张商英："若到事事无碍法界，法界量减，始好说禅。"这是克勤借用华严宗圆融无碍的"四法界"学说向张商英说禅，而禅的最高境界实际上也就是华严宗"理事无碍"、"事事无碍"、"真俗无碍"的境界。禅宗各派中与华严学说最相近的是曹洞宗，理学家反复申述的"体用一源、显微无间"，与曹洞宗"五位"学说的核心"君臣五位"有着内在的密切联系。"君臣五位"旨在说明体用（理事）的圆融一致，并认

宋代成实论册

《成实论》是佛教论书，古印度诃梨跋摩著，鸠摩罗什译。"成实"即成就四谛之意。

为只有这种圆融一致的体用关系才是"君臣道合"。天童正觉所倡导的"默照禅",意在通过静坐默究,体会理事无碍、事事圆融的境界。

佛教不触及社会改造而注重于宗教内心修养,隋唐宗派佛教已具有了完整的心性学说体系。宋代禅宗、天台宗进一步在这方面开拓,把佛教心性之说加以发展和完善。

宋代禅宗的心性论大抵是在洪州禅"性在作用"、"触类是道而任心"的基础上,结合孟子性善说发展起来的。东林常总与程门弟子杨时有如下一段谈论心性问题的对话。"(时)谓师曰:'禅学虽高,却与儒学未有所得。'师曰:'儒学紧要处也记得些子,且道君子无入而不自得,得个甚么?'时默然。""师又与时言:'阿赖耶识,此言善恶种子。白净无垢,即孟子之言性善。性善则可谓探其本也,言善恶混乃于善恶未萌处。'时又问曰:'孟子道性善是否?'师曰:'是。'时又问:'性何以善言?'师曰,'本然之性不与恶对。'"(《佛法金汤编》卷13)这里,常总先是否认关于佛家对儒家缺乏了解的看法,接着有意识地将禅宗心性说与儒家性善说加以调和,宣传佛教的"本然之性"说。这一"本然之性"

❀ 张大千《宋人山寺图》

对理学"天地之性"、"天命之性"的建立,其作用不容忽视。北宋禅僧金山昙颖曾著《性辩》一文,认为,儒家说穷理尽性,与禅宗"顿悟"学说有一定距离;"理"和"性"只能作神秘的体悟而不可"穷尽",因为它们不是知识所及的领域。在禅宗看来,性无所谓善恶,只为方便而说善恶。这种思想虽意在表述佛教心性说与传统儒家人性论的差别,但它对理学中陆王一派(心学)更具启发意义。

「西天二十八祖」说何由而来？

天台宗创始人智颛在《摩诃止观》一书中，陈述了「西天二十四祖」始于迦叶终于师子，加上末田地，共计24人。与台宗不同的是，禅宗也有自己的西天授受体系，这就是禅宗历史上所说的「西天二十八祖」。

自东汉起，印度、中亚以及西域一带来中国译经传教的僧侣日渐增多，他们曾带来有关佛教传法世系的传说，这些在中国佛教史籍中不乏载录。其中与禅宗有直接关系的是所谓《付法藏传》，又名《付法藏因缘传》。它的著者说法不一，据宗密说，当为"西域贤圣所集"。它前后共被翻译三次，第一次是刘宋文帝时由释宝云译出，名《付法藏经》；第二次是北魏文成帝和平三年（462）由释昙曜译出；第三次是北魏孝文帝延兴二年（472）由西域沙门吉迦夜译出。《付法藏传》记述了释迦牟尼逝世后其嫡传弟子摩诃迦叶、阿难、商那和修、优婆毱多、提多迦、弥遮迦、佛陀难提、佛陀蜜多、胁尊者、富那奢、马鸣、比罗、龙树、迦那提婆、罗睺罗、僧伽难提、僧伽耶舍、鸠摩罗驮、阇夜多、婆修槃陀、祖摩奴罗、鹤勒那、师子共23人的传法世系。

"二十八祖"说始于唐智炬的《宝林传》。天台宗人宣称，《宝林传》所列最后四祖的名字是杜撰的，说，因为智炬看到《达摩多罗禅经》中列有9人，第八名达摩多罗，第九名般若密多罗，于是就在"达摩"上增"菩提"二字，把菩提达摩移居般若密多罗之后，又取其他地方二人的名字婆舍斯多和不如密多置于第二十四祖后，便成了28人（仍以摩诃迦叶为初祖）。至宋初《景德传灯录》撰成，禅宗二十八祖说逐渐定型。北宋嘉年间，禅僧契嵩祖述《宝林传》，著《禅宗定祖图》、《传法正宗记》、《传法正宗论》等书，再次肯定禅宗的印度世系为二十八祖。通过仁宗皇帝的敕赐入藏，该说遂成定论。为菩提达摩的祖位寻找更为充实的理由，《景德传灯录》于菩提达摩名下注曰："本名菩提多罗。"《正宗记》又改曰："初名菩提多罗，亦号达摩多罗。"并于《定祖图》菩提达摩下注曰："其名称呼不同，如达摩多罗，凡三四说。"

天台宗僧侣子、从义等人曾对

禅宗定祖说予以激烈反对。他们不仅认为二十八祖没有根据，而且连带提出禅宗所传"拈花微笑"、"只履西归"、"立雪断臂"等故事也纯属虚构。

天台宗重视止观双修，"止观"是禅定和智慧的合称。北齐慧文、南岳慧思都是一代著名禅师。智创立天台宗，正式提出止观不可偏废，认为止观二法，"如车之双轮、鸟之双翼"（《修习止观坐禅法要》）。为了突出自己这一宗的源远流长，他们把学统上溯到印度龙树。因此，天台宗与禅宗在禅法和祖统上发生矛盾便不难理解。事实上，无论是天台宗的"二十四祖"说还是禅宗的"二十八祖"说，都缺乏事实依据，本来就是不可靠的。出现不一致只能说明宗派意识在佛教僧侣身上的强烈体现，很难看出有什么实际意义。宋代佛教这两大宗如此重视定祖问题，还因为它们都以为通过定祖可以加强自己宗派的地位，宋人陈舜俞《明教大师行业记》认为，契嵩撰《正宗记》和《定祖图》乃是"慨然悯禅门之凌迟"。

❀ 天台山智者塔院智𫖮肉身塔

肉身塔用青石制成，高约7米，镂刻精细。第一层正面佛龛设智𫖮坐像。殿壁列天台宗17位祖师画像：智𫖮、灌顶、智威、慧威、玄朗、湛然、道邃、行满、广修、物外、元诱、清竦、羲寂、义通、知礼、慈云、传灯。

《祖堂集》的价值何在？

《祖堂集》一书编者是五代南唐泉州招庆寺的静、筠二禅僧，成书时间为952年（保大十）。

全书20卷。《祖堂集》的价值在于它是早于《景德传灯录》半个多世纪完成的完整禅宗史书，在史料等方面具有特殊的地位。

静、筠是雪峰义存下三传弟子（义存传保福从展，从展传福先文，文传静、筠）。义存在闽国太祖王审知时获得厚遇，他在闽地讲法40余年间，"四方之僧争趋法席者不可胜算矣，冬夏不减一千五百"。因唐末五代战乱，天下禅僧纷纷南下，云集于浙江、福建一线，加上王审知子王延钧奉佛，曾度僧二万，"由是闽中多僧"。当时禅宗界有"北有赵州，南有雪峰"之称，足以说明雪峰义存门下人才之众。由于雪峰门下聚集了来自全国各地的禅客，自然消息渐多，话题也日增。这些就成为《祖堂集》产生的背景。

《祖堂集》记述了从迦叶以至唐末、五代（最后为福先文）共256位禅宗祖师的主要事迹和问答语句，而以雪峰一系为基本线索。

日本研究禅宗史的著名学者柳田圣山认为，"《祖堂集》的开版经过至今尚有许多不明之处，但其近代的再发现，对研究初期的禅宗史则是仅次于敦煌文献的宝贵史料"。可惜，此书长久以来默默无闻，使得世人不知其本来面目。直至1912年，日本学者关野贞、小野玄妙等对朝鲜南部庆尚道陕川郡伽耶山海印寺所藏高丽版大藏经版本进行调查时，从其藏外版中发现高丽高宗三十二年（1245）开雕的《祖堂集》20卷的完整版本。在此之前，只是在契嵩自撰自注的《夹注辅教编》中，曾提到他见过《祖堂集》，此后人们便对它毫无所知了。第二次世界大战后，日本花园大学复印了《祖堂集》的普及本；1972年，柳田圣山又在日本出版了它的影印本。

一般认为，《祖堂集》在它形成并流传半个多世纪后失去它的地位，主要原因是由于《景德传灯录》的广泛流传。《景德传灯录》撰成不久，便受敕令编入《大藏经》，享受特别荣誉和待遇。随着木版印刷的发展，《景德传灯录》逐渐普及于僧俗界，从而取代《祖堂集》的地位和影响。

《景德传灯录》的地位如何？

《景德传灯录》为北宋禅僧道原所著，共30卷。在《宝林传》、《祖堂集》未发现之前，《景德传灯录》是禅宗最早的一部完整史书，其史料价值远在《五灯会元》之上，为学术界研究禅宗史的重要资料，成为必读之史。

"景德"是宋真宗年号，标明该书撰成时代；因灯能照暗，禅宗谓以法传人，犹如传灯，故名"传灯录"。《景德传灯录》记述了自过去佛至法眼文益法嗣的禅宗传法世系共52世1701人的问答语句。另外，附有语录者951人。其中，卷1、卷2记过去七祖、西天二十七祖；卷3记东土五祖（达摩是西天二十八祖兼东土初祖）；卷4记东土四祖道信和五祖弘忍的旁出法系；卷5记慧能法嗣，包括沩仰宗、临济宗的法系；卷14至卷26记慧能弟子青原行思的法嗣，包括曹洞宗、云门宗、法眼宗法系；此外是外宗"禅门达者"传、名禅师语录和赞颂诗文等。

该书撰成后，上于朝廷，真宗诏翰林学士杨亿、兵部员外郎李维、太常丞王曙等裁定润色，批准入藏。这样，它获得了敕修史书的特殊地位，从而迅速流传开来。

就体裁和内容而言，"灯录"是记言体，它与"僧传"的记行（也有记言，但以记行为主）不同。"灯录"又是一种特殊的"谱录体"，即按世次记载，这也与"僧传"的传记体不同。"灯录"只限于禅宗，不像"僧传"那样包罗各科。自《宝林传》、《祖堂集》于20世纪上半叶被发现，得知《景德传灯录》曾受它们的影响，多所取材。事实上，在宋代《景德传灯录》完成之前，早在唐末、五代时已有多种禅宗史书出现，所以在内容上，《景德传灯录》是在这些史书基础上进一步搜集资料、经过筛选加工以后定型的。

自《景德传灯录》刊布后，在宋代又陆续出现了多种"灯录"，直至元明清各代，继承传统，"灯录"之作绵延不断，可见到的尚有数十种之多。影响所及，儒家也都仿照这种体裁编撰著作，如朱熹的《伊洛渊源录》，黄宗羲的《明儒学案》、《宋元学案》，万斯同的《儒林宗派》等都属此类。

◎佛教小百科◎ 禅宗

《五灯会元》为何深受文人喜爱？

《五灯会元》是在《景德传灯录》之后编成的4种"灯录"基础上删繁就简汇编而成，计20卷。《五灯会元》纲目明了，便于僧俗披览。为此，自《五灯会元》出，包括《景德传灯录》在内的前五种"灯录"社会地位逐渐被它取代，成为流传最广的"灯录"。

在道原的《景德传灯录》问世后，陆续又有4种"灯录"编成。它们是《天圣广灯录》、《建中靖国续灯录》、《联灯会要》和《嘉泰普灯录》。《天圣广灯录》30卷，临济宗人李遵撰于宋仁宗天圣七年（1029）；《建中靖国续灯录》30卷，云门宗禅僧惟白撰于宋徽宗建中靖国元年（1101）前；《联灯会要》30卷，临济宗禅僧悟明撰于孝宗淳熙十年（1183）；《嘉泰普灯录》30卷，云门宗禅僧正受撰于宁宗嘉泰年间（1201～1204）。其中《天圣广灯录》的编成距《景德传灯录》只有10余年，各宗世系无多出入，只是章次略作变动，所记人数及问答语句稍有扩充，故名"广"。《建中靖国续灯录》撰成距《景德传灯录》将近百年，其书目的在续道原之作，故名"续"；该书分"正宗"、"对机"、"拈古"、"颂古"、"偈颂"五门叙述，所载人物1700有余。《联灯会要》上距《建中靖国续灯录》又有80余年，编者意在合北宋三种"灯录"为一书，而补80余年来前者未收载的临济、云门二家禅师语录。《嘉泰普灯录》撰成距《联灯会要》仅20年，作者未曾见到《联灯会要》，因见《天圣广灯录》、《建中靖国续灯录》没有载录帝王、公卿、师尼、道俗，不具"普照"意义，故他不论僧俗，将北宋三灯未取的重要人物，全部收入。

《五灯会元》作者普济，临济宗杨岐派禅僧，宗杲三世孙。将原"五灯"计150卷缩为20卷，卷帙减去原书七分之六强，而内容实际只减去原书二分之一左右，所以首先给人以简明扼要之感，对于只需略知禅宗大意者来说，是一部分量适中的入门书。

原来"五灯"各书以南岳、青原两大系分别叙述，以下不再分宗立派。但世系既久，支派繁衍，法嗣散布，大系难以统摄，所以《五灯会元》改变结构，在南岳、青原下，复立宗派，明晰易查，方便读者。

卷1，记七佛及东土六祖；卷2，记四、五、六祖法嗣及应化圣贤；卷3、卷4，记南岳怀让至五世；卷5、卷6，记青原行思至七世；卷7、卷8，记青原下二世至九世；卷9，记南岳下三世至八世沩仰宗；卷10，记青原下八世至十二世法眼宗；卷11、卷12，记南岳下四世至十五世临济宗；卷13、卷14，记青原下四世至十五世曹洞宗；卷15、卷16，记青原下六世至十六世云门宗；卷17、卷18，记南岳下十一世至十七世黄龙派；卷19、卷20，记南岳下十一世至十七世杨岐派。

《五灯会元》不仅为佛教僧侣（尤其是禅僧）提供了禅宗史研究的资料及参禅得悟的方便途径，而且也扩大了一般文人士大夫的视野。由于书中文字语言透彻洒脱，新鲜活泼，简要精练，公案语录、问答对语趣味盎然、脱落世俗，所以深为僧俗所喜读。作为一种精神享受，元、明以来士大夫好禅者，几乎都家藏其书。

但是，对于禅宗史研究而言，《五灯会元》自有它的缺陷。一是因删削颇多，所引原材料远不如《景德传灯录》等完备；二是经过各家"灯录"反复文字润色，据己意添加或删略，古代禅师们的原意多有改变，故《五灯会元》实际上已难以作为原始资料看待。它的学术价值应低于《景德传灯录》。

杭州灵隐寺佛教塑像（局部）

《碧岩录》是怎样的一部书？

《碧岩录》全称《佛果圆悟禅师碧岩录》，亦称《碧岩集》，由宋代临济宗杨岐派禅僧圆悟克勤编撰，共10卷。《碧岩录》很得禅僧和士大夫的喜爱，对禅宗影响很大。但是它也使了禅的公案语句逐渐固定化，变得生硬僵化。

《碧岩录》的出现，表明"文字禅"已经进入一个新的发展阶段。北宋初期，禅宗日益背离"不立文字"、"直指人心"的教旨，在文字语言上大做文章，造成"文字禅"的泛滥。先是临济宗僧侣汾阳善昭收集祖师机缘语句（公案）100条，用偈颂形式对每条分别加以阐述，称之为"颂古"，实际上它是一种"禅门问答汇编"。其后不久，云门宗的雪窦重显又以云门宗思想为基础，也作了"颂古"100条，名"颂古百则"，把"文字禅"向前推进了一步。宋徽宗政和（1111～1118）初，克勤应居士张商英之请，于澧州（今湖南澧县东）夹山灵泉院宣讲唱说重显的"颂古百则"，门人把它们记录整理成书，并以灵泉院方丈室匾额的"碧岩"二字为题，名为《碧岩录》。本书在录出"百则"的每一则之前，先加"垂示"（纲要提示）；列出"本则"后，加以著语评论，介绍公案提出者的略历；并对其中警句加以"评唱"（提出自己见解），自作颂语，最后又"评唱"之。

试举第32则为例。该则"垂示"云："十方坐断千眼顿开，一句截流万机寝削。还有同死同生底么？见成公案打叠不下。古人葛藤试请举看。"这是提示该则公案的主旨。

❀ 繁塔

繁塔位于河南开封，北宋淳化元年（990）建成，为六角九层阁楼式砖塔，现存繁塔高31.67米，其内外壁镶嵌着数以千计的浮雕琉璃砖，砖雕以佛像居多，也有一部分表现的内容是佛经故事。

"本则"（公案内容）是："定上座问临济，'如何是佛法大意？'济下禅床擒住，与一掌，便托开，定伫立。旁僧云：'定上座何不礼拜？'定方礼拜，忽然大悟。"下面是克勤对"本则"的说明和见解，说："看他怎么作用，若透得去，便可翻天作地，自得受用。定上座是这般汉，被临济一掌，礼拜起来，便知落处。"并以临济某日对定上座的开示进而加以说明："'赤肉团上，有一无位真人，常从汝诸人面门出入，未证据者看！看！'时有僧出问：'如何是无位真人？'济便擒住云：'道！道！'僧拟议，济便托开，云：'无位真人，是什么干屎橛！'便归方丈。"通过这一解释，对这则公案也就比较容易理解了。定上座在义玄处悟得的是自己所具的佛性本来面目，义玄的种种手段也只是教人去体悟自己的佛性。后又引出雪窦"颂"："断际全机继后踪，持来何必在从容，巨灵抬手无多子，分破华山千万重。"最后是克勤对雪窦这一颂的评唱："'断际全机继后踪，持来何必在从容'。黄檗大机大用，唯临济独继其踪。拈得将来不容拟议，或若踌

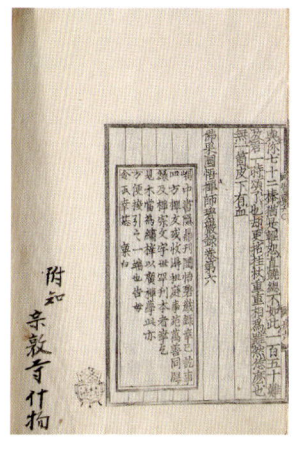
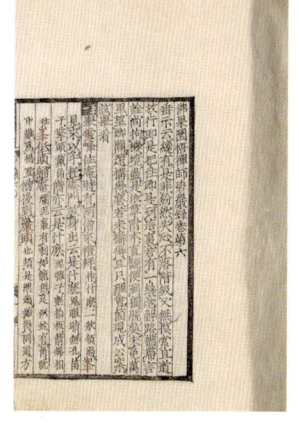

《碧岩录》书影

躇便落阴界。……'巨灵抬手无多子，分破华山千万重'。巨灵神有大神力，以手擘开太华，放水流入黄河。定上座疑情，如山堆岳积，被临济一掌，直得瓦解冰消。"经过这样反复著注、评唱，公案的性质、要点就很清楚了。

到大慧宗杲时，他担心"学人泥于言句"，便将《碧岩录》全部刻版毁掉了。但这并不能解决根本问题，不久，《碧岩录》又被刊行并流传至今。

元代时，曹洞宗禅师投子义青等也有"颂古"，林泉从伦加以"评唱"，成为《空谷集》。曹洞宗的天童正觉也有"颂古"，元初万松行秀为之作"评唱"，名《从容（庵）录》。它们与《碧岩录》一起广泛流行，成为文字禅的典型。

《古尊宿语录》汇集了多少禅家语录？

《古尊宿语录》是古代禅师语录的辑本,共48卷,计收录自8世纪至13世纪的36家语录,是研究禅宗,尤其是临济宗一系思想的重要资料。

《古尊宿语录》在明版《大藏经》中初次入藏,后来在清宣统元年至民国二年(1909～1913)出版的《频伽藏》中再度收入。日本《缩刷藏经》和《续藏经》中也有完整的48卷。明藏本收的是重刻的《古尊宿语录》,在该本第7卷最后附有一个序文。据序文得知,《语录》的编集者是宋代禅僧赜藏主("藏主"是禅寺职称之一,专管佛经图书),当初仅收集得南泉而下22家的"示众机语",后人又渐次得云门、真净、佛眼、佛照等数家。至南宋末年,在女居士觉心资助下,进行了重刻,重刻原因是它先曾"刊于闽中",至时"板亦漫矣,两浙丛林得之惟艰"。关于早先所得的22家语录,在《续藏经》中有日人道忠所编《福州鼓山寺〈古尊宿语要〉全部目录》,共列出20家,他们是:南泉普愿、投子大同、睦州道踪、赵州从谂、南院慧颙、首山省念、叶县归省、神鼎洪諲、三交智嵩、石门蕴聪、法华全举、大愚守芝、云峰文悦、杨岐方会、道吾悟真、大随神照、

❀《十诵律》书影

北宋龙图阁内藏有大量古代文化典籍,图为《十诵律》宋刻本。《十诵律》是佛教戒律书,又称《萨婆多部十诵律》,后秦弗若多罗和鸠摩罗什等译,61卷。

子湖神力、鼓山神晏、洞山守初、智门光祚。《目录》说:"右总二十家,如《云卧纪谈》、《物初语》并云,赜藏主所搜二十二家。然则,此本少二。"所少哪两家,尚需考证。但可以肯定,自最先南泉下22家语录成型至明版《大藏经》48卷全部刊出,是一个反复增补的过程。正因为如此,现存《古尊宿语录》在形式安排上极为紊乱,卷12以下无规律可循。从体裁看,除语录外,它还收入了与此并不协调的"拈古"(卷46)、"颂古"(卷47)、"奏对录"(卷48)之类。

但从内容看,《古尊宿语录》具有重要的史料价值,它所收集的语录,多为《景德传灯录》所未曾记载的。在最初成立的五家(南岳、马祖、百丈、黄檗、临济)语录中,黄檗《传心法要》、《宛陵录》由裴休编集;《临济录》由慧然编集,它们在公元9世纪时都已完成,具有最充分的可靠性。五家语录在该书中具有提纲挈领的作用。在全部48卷中,除洪州系南岳、马祖、百丈、黄檗4家3卷,云门宗云门、洞山、

《古尊宿语录》书影

"尊宿",谓受人尊敬的前辈,与"长老"、"大德"义同。书中汇编了自中唐至南宋前期南岳怀让一系(慧能门下两大法系之一)几十家"尊宿"的语录,故名。

智门3家6卷,以及马祖别传南泉及南泉下子湖、赵州,百丈别传大随,黄檗别传睦州,石头下丹霞二传投子,雪峰下鼓山计7家7卷外,其余32卷全属临济宗法系。由此看来,《古尊宿语录》无疑是以临济宗为主体的唐宋禅师语录集。倘要研究临济宗思想,这是一部必读著作。

何谓"孔门禅"?

万松行秀以三教合一为主旨,尽力将儒家思想纳入禅宗教义。他的在家弟子耶律楚材、李纯甫、赵秉文等人继承和发展了这一思想,提倡一种被时人名之为"孔门禅"的儒释融合说教。

禅宗是金代佛教的主流。万松行秀是金代北方地区的著名禅师,传播曹洞禅,受金章宗礼遇。他"于孔老庄周百家之学,无不会通,恒业华严"(《五灯严统》卷14);"儒释兼备,宗说精通,辩才无碍"(耶律楚材序《从容录》)。万松行秀的言教行事,处处以儒家道德为标准,待师以孝,爱人以德,尊帝以礼。

万松行秀常劝其弟子耶律楚材,以佛法治心、治国,说:"世谓佛法可以治心,不可以治国,证之于湛然,正心、修身、家齐、国治之明效,吾门'显诀'何愧于《大学》之篇哉!"(《湛然居士文集》序)万松自喻曹洞禅门"显诀"如《大学》篇章,正表明他的禅学沟通了儒释。

李纯甫,号屏山,少年即自负其才,谓功名可俯拾,以诸葛孔明、王景略自期。章宗时进士,因其壮志为当路者所抑,遂于中年弃官而归心禅学。他常说,我祖老子,岂敢不学老庄?我生前为一僧,岂敢不学佛?每当酒酣之时,历历论天下大事,或谈儒释异同,虽环攻而不能屈。他著《鸣道集说》,"援儒入释,推释附儒",提倡三教合一,以助成其师说。该书认为,儒释融合,自唐代李翱开始,至宋代王安石父子、苏轼兄弟而日趋成熟;理学家们对佛老也是"实与而文不与,阳挤而阴助"。这是说,三教调和融合是自然的,并且已成为历史事实。但只是理学家所说过于肤浅,

因而他要另著书申述。他本人的主张是:"卷波澜于圣学之域,撤藩篱于大方之家","会三圣人理性蕴奥之妙要,终指归佛祖而已。"(耶律楚材《鸣道集说序》)他的《重修面壁庵记》说:"道冠儒履皆有大解脱门,翰墨文章亦为游戏三昧。"这是他有意识要将孔、老之说纳入禅学。

元好问曾对李纯甫的禅学予以精辟概括,他的《李屏山挽章二首》之二说:"谈尘风流二十年,空门名理孔门禅。诸儒久已同坚白,博士真堪补太玄。孙况小疵良未害,庄周阴助恐当然。遗编自有名山在,第一诸孤莫浪传。""孔门禅"的核心实质是儒释融合。万松行秀由禅门而渗透孔门,以佛法拟儒学;李纯甫则由孔门而入禅门,以儒学证佛法,总的精神一致。

❁ 彩绘石雕佛立像 北魏

❁ 元好问故居

湛然居士是谁？

金元时代禅宗界有一位著名人物，他就是耶律楚材，"湛然居士"是其师万松行秀给他取的号。耶律楚材具有禅学修养的功底，使他在诗文上得益不小。从政余暇，他写下许多与禅学相关的作品，这些作品一气呵成，朴实无华，无矫饰之迹。

耶律楚材出身于金代末年的契丹贵族家庭，自小博览群书，精通经史。由于他目睹和经历了连年战乱给人民带来的巨大灾难，因而在燕京被蒙古军包围期间，他拜万松行秀为师，皈依佛教。不久，燕京陷落，他为成吉思汗所用。在跟随成吉思汗西征途中，他曾以"治天下匠"自居。然而他并未真正受到重视，虽高居相位，却权力有限，许多政治主张未能付诸实现，最后抑郁而终。

万松行秀叙耶律楚材参学经过，说："湛然居士年二十有七，受显诀于万松。其法忘死生，外身世，毁誉不能动，哀乐不能入。湛然大会其心，精究入神，尽弃宿学，冒寒暑，无昼夜者三年，尽得其道。万松面授衣颂，目之为湛然居士从源。"（《湛然居士文集》序）但他到底于禅学意境如何，各说不一。只有一点是可以肯定的，作为万松的弟子和李纯甫的同学，他的禅同样可以被视为"孔门禅"。

自耶律楚材被窝阔台任命为中书令，他便着手"以儒治国，以佛治心"的实践，以为"穷理尽性莫尚佛乘，济世安民无如孔教。用我则行宣尼之常道，舍我则乐释氏之真如"（《寄用之侍郎》）。由于他不像李纯甫那样弃官隐居，长往不返，而是始终不离政坛，周旋于帝王将相之间，其思想自然有所差异。芳郭无名人为《文集》所写"后序"中指出："观居士之所为，迹释而心儒，名释而实儒，言释而行儒，术释而治儒。"认为耶律楚材思想的主要倾向是建功立业、振兴儒教，

❀ 耶律楚材故居

"谏革初制之苛猛,苏息民物之疮痍,丰功伟烈,衣被天下,非刘秉忠诸人所能望。振兴儒教,进用士人,以救偏任武夫及色目种人之弊,亦开姚许之先声。意者其学术必有服习六艺,秕糠众流,立天地之心,以佐戡拯之业者"。他的"以儒治国,以佛治心"的实践或许是当时战乱局面下的一番苦心运用。孟攀鳞的"序"也同样认为:"今公之为言,非徒示虚文而已,实救世行道之具。所以柱石名教,纲纪彝伦,鼓舞士风,甄陶人物,岂惟立当代之典章,端可为将来之轨范。"这是说明他思想的核心是在儒学方面。他在蒙古贵州统治地区推行儒家政治统治,禅学逐渐成为一种社会交际的手段和诗词唱和的工具。正因为如此,万松曾批评他是"近乎破二作三,屈佛道以徇儒情"。对此,他辩解说,我这样做只是一种"行权"即方便而已,目的是逐渐使"庸儒"们接受、信仰禅学。这当然是言不由衷的。但从究竟上说,万松对他的弟子的外禅内儒给予肯定,认为这对"正心修身、家齐国治"有显著成效,没有偏离《大学》之说。

耶律楚材思想的另一要点是三教合一说。他在《题西庵归一堂》诗中写道:"三圣真元本自同,随

❀明 丁云鹏 三教图

佛、道、儒三教的创始人释迦牟尼、老子、孔子三人在辩经论道,体现了明代"三教合一"的社会思潮。

时应物立宗风。道儒表里明坟典,佛祖权宜透色空。曲士寡闻能异议,达人大观解相融。长沙赖有莲峰掌,一拨江河尽入东。"他自称此诗与李纯甫"卷波澜于圣学之域,撤藩篱于大方之家"数语见解相同。

明代有哪些著名的禅僧?

明朝建立之初,推崇理学,强化专制思想统治,对佛教控制益趋严格。只是自中叶以后,参禅热潮再次掀起,致禅风稍盛,颇有中兴之景。这一时期著名的禅僧有楚石梵琦、密云圆悟、汉月法藏、无明慧经等人。

楚石梵琦是明初的禅宗名师,是元叟行端的弟子、大慧宗杲下五世孙,曾被袾宏誉为"本朝第一流宗师"。其悟道偈有如下两句:"拾得红炉一点雪,却是黄河六月冰。"对禅似颇有见地。但作为著名禅师,梵琦也还是顺应宋元以来的时代潮流,提倡禅净双修,并把净土视为归宿。他的《净土诗》说:"一寸光阴一寸金,劝君念佛早回心","尘尘刹刹虽清净,独有弥陀愿力深","遥指家乡落日边,一条归路直如弦。"

明中叶后,临济宗方面著名禅师有笑岩德宝,其弟子为幻有正传。正传门下有密云圆悟、天隐圆修、雪峤圆信,三人各传一方。圆悟弟子汉月法藏著《五宗原》,圆悟见后,予以批驳,遂引起一场绵延至清初的长期争论。

明中叶后曹洞宗一系也有几个重要禅师活跃于南方,他们是无明慧经及其弟子无异元来、永觉元贤。慧经住江西新城寿昌寺,因他曾受临济教义,故倡导一种由宗杲创立的"看话禅"。他又根据时下禅风"唯心净土、自性弥陀"旨趣,主张禅、净同修。元来的特点是禅净合一、教禅一致。他认为,禅净本来一致,无所区别,所谓"禅、净本无二也,而机自二"。所以无论从哪一门深入,都可达到目的:"禅净二门,非别立标帜,求一门深入者,似不得不二也。如会通之说,亦权语耳。杲发明大理,不妨念佛。"他鼓励禅僧念佛,以往生净土。又认为,教、禅各有所尚,若片面理解,便以为它们各有所偏、所缺,然而如果把握了"宗(禅)、教(天台、华严、唯识等)之道合一之旨",则"一言一字皆最上之机"(《无异

明代德化窑观音像

元来禅师广录》卷21）。元贤则初习程、朱之学，出家后，先学临济，后学曹洞。他不仅提倡佛教内部的融合，而且也主张儒、释、道三教的合一。佛教内部，他认为，"门风之别，所宗有五，其实皆一道。故真知临济者，绝不非曹洞；真知曹洞者，绝不非临济"。进而认为，禅与教、律、净土都无差别，"本是一源"（《续呓言》）。他的《净慈要语》说："禅、净二门，应机不同，而功用无别"，"参禅要悟自心，念佛亦是要悟自心。入门虽异，到家是同。"又说："求其修持最易，入道最稳，收功最速者，则莫如净土一门。"实际上他最终也是以净土为归宿。三教关系，元贤认为，教虽分三，但理只有一个，所谓"理一而教不得不分，教分而理未尝不一"。这是他在吸收宋明理学最高范畴"理"的基础上，从本体论高度把三教加以融会统一。在他看来，世界上一切都归于本体"理一"。这一思想显然受了理学家们"理一分殊"说的启发。它已不是宋代佛教三教合一论的同义反复，而是具有了新的社会背景和思想条件。

明太祖朱元璋曾令分天下寺院为禅、讲、教三类，严格要求各类寺僧分别专业，不得混滥，便于管

❀ 姚广孝墓塔

理，防止滋事生非。他又采取种种措施，割断佛教与世俗的联系，限制寺院经济，试图使之自生自灭。明成祖因以禅僧道衍（姚广孝）主谋，发动"靖难之变"，夺取帝位，对佛教似有所偏护，但他也反复申述以儒家为治国之本，以理学为基本指导思想。明代佛教实无再图发展的力量，只有维持生存的可能，所以禅宗也只有在提倡和实践内外融合上作种种努力，与宋代禅宗相比，显得"江河日下"。

明末"四大高僧"与禅宗关系如何？

明朝神宗万历时期，佛教界出现四名重要僧侣，被后人号为"四大高僧"。他们是云栖袾宏、紫伯真可、憨山德清、蕅益智旭。"四大高僧"主张佛教内部的调和与融合，提倡净土归向。他们的思想反映了明末佛教的基本面貌。

云栖袾宏，别号莲池，俗姓沈，杭州人。因数年之内，连遭父母去世、亡妻失子的刺激，便看破红尘，于32岁时出家，晚年长住杭州云栖寺。弟子数以千计，名公巨卿也"倾心事之"。袾宏对华严和禅学都有很深的造诣，但归趣却在净土，提出佛教内部融合的主张，并身体力行付诸实践。他自谓"主以净土，而冬专坐禅，余兼讲诵"。他认为，"参禅者借口教外别传，不知离教而参是邪因也，离教而悟是邪解也"。所以，"学佛者必以三藏十二部为模楷"（《竹窗随笔·经教》）。这就是说，教、禅应该是统一的，学禅必须以经论为依据，否则难以实现真正的悟解。这一观点与唐末五代禅宗的观点截然相反，而且也与宋代的文字禅相去甚远。袾宏出家后，曾经历了很长时期的禅僧生活，对参禅之道有自己的见解。他认为，佛教衰落的主要原因在于禅法堕落和戒律松弛。他所说的禅法堕落，是指机锋应用和公案泛滥。他进而认为，念佛乃是求得解脱的最好方式，说："若人持律，律是佛制，正好念佛；若人看经，经是佛说，正好念佛；若人参禅，禅是佛心，正好念佛"（《云栖遗稿·普劝念佛往生净土》）。

紫伯真可，字达观，俗姓沈，江苏吴江人。17岁辞亲远游，欲立功于塞上。但行至苏州，夜宿虎丘云岩寺，遇寺僧明觉，受明觉启发而出家。曾研习唯识、华严学说，又从禅门诸师参学。面对当时佛教颓败之状，他誓志复兴禅宗。在禅学上，他表达了与宏一致的观点，认为文字经教是禅僧得悟的先决条件，不通文字般若便不能契会实相。他也主张佛教内部各宗派的调和，"不以宗压教，不以性废相，不以贤首废天台"（顾仲恭《跋紫伯尊者全集》）。

憨山德清，字澄印，俗姓蔡，安徽全椒人。少年时在寺院攻读儒书，19岁往金陵栖霞山披剃出家。

初从无极学华严，继从法会学禅，又曾游学听讲天台、唯识。法会禅、净兼修且通达华严，对德清影响最深。所以德清虽为临济宗下禅僧，但他的思想也是提倡禅教一致，反对因禅宗而非教门，说："佛祖一心，教禅一致。宗门教外别传，非离心外，别有一法可传，只是要人离却语言文字，单悟言外之旨耳。今禅宗人，动即呵教，不知教诠一心，乃禅之本也。"（《憨山大师梦游全集》卷6）同时，他也主张禅净双修，认为，"念佛即是参禅，参禅乃生净土"，百千法门"其最要者，为参禅、念佛而已"（同上，卷9）。

北京法海寺明代壁画《礼佛护法图》

法海寺壁画是中国现存元代以来由宫廷画师所作为数极少的精美壁画之一，该画由帝后、天龙八部和众鬼神组成浩浩荡荡的礼佛护法行列，服饰华丽，仪表庄重，色泽艳丽。

既参禅，又念佛，是最为"稳当法门"。

蕅益智旭，别号"八不道人"，俗姓钟，江苏吴县木渎人。少习儒书，曾著《辟佛论》，后读宏《自知录》及《竹窗随笔》，乃决意信佛。24岁从德清弟子雪岭剃度出家。开始因见当时禅宗流弊甚深，决意弘传律学。其后又修习包括禅宗在内的其他各宗。智旭名义上是天台宗人，但声称要以袾宏、真可、德清为榜样，调和禅教、性相，归极净土。他认为，参禅者必须学习经典，以教理为指导，"离弃教而参禅，不可能得道"（《灵峰宗论》卷2）。禅与教不可分离，应该兼重："宗者无言之教，教者有言之宗，至言也。三藏十二部，默契之，皆宗也；既无言矣，安得谓之教？千七百公案，举扬之，皆教也；既有言矣，安得谓之宗？"（《灵峰宗论》卷4）

袁中郎的禅学修养如何？

袁宏道，字中郎，与兄伯修（宗道）、弟小修（中道）在文学上反对复古，抒写性灵，时人称之为「公安派」（他们是湖北公安人），在中国古代文学史上占有一席之地。袁中郎兄弟三人禅学修养很深，他们的文风很大程度上得益于禅学修养。

袁中郎生活的时代，是明末"四大高僧""中兴"佛教的时代，也是泰州学派传人李贽、管志道、潘士藻、陶望龄、焦竑诸学者活跃的时代。袁中郎受他们的熏陶，于禅学深有所好，决非偶然。禅僧紫柏真可在当时思想界与李贽并称为"两大教主"，他广交文人士大夫，与袁中郎堪称至交。李贽与禅学关系甚深，可谓禅宗思想的狂热信徒，曾住寺院20年参禅学佛，中郎一生以弟子礼事他，受他影响最深。泰州学派传人多与佛教结下不解之缘，既谈儒，又说禅，依违于两者之间，中郎与他们或居朋友之位或处师友之间，自然互相激发，于禅学大有裨益。

袁中郎曾登过科第，做过县令，因见人世污浊，不屑与一般俗吏为伍，便产生消极颓唐思想，乃舍去官位，与其兄伯修阅读内典，在禅学上狠下工夫。在得到李贽印可后，中郎更欲有所建树，便于城中置地300亩，中间筑长堤数条，四周植垂柳万株，号曰"柳浪"。从此朝夕参究，不问世事。后来虽又几度不得已而就官，但都以种种理由竭力辞去。

袁中郎的禅学修养究竟如何？据他自己说："仆自知诗文一字不通，唯禅宗一事，不敢多让。当今劲敌，唯李宏甫（贽）先生一人。其他精炼衲子、久参禅伯，败于中郎之手者，往往而是。"（《与张幼于书》）其自负得意之情跃然纸上。试看他对禅的认识："禅者，定也，又禅代不息之义，如春之禅而为秋，昼之禅而为夜，是也。既谓之禅，则迁流无已，变幻不常，安有定辙？而学禅又安有定法可守哉？且夫禅固不必退也，然亦何必于进？""夫进退，事也；非进退，理也。即进退，非进退，事理无碍也；进不碍退，退不碍进，事事无碍也。"（《与曹鲁川书》）这是建立在华严"圆融无碍"学说背景上的禅学，大意是说参禅不必拘泥于形迹，当有自己

独创之见。以此出发，他反对当时一般禅者或把坐禅看做功夫，或终日在话头上琢磨，或用似是而非的机锋惊骇世人的做法。他提出："世岂有参得明白的禅？若禅可参得明白，则现今目视耳听，发竖眉横，皆可参得明白矣。须知发不以不参而不竖，眉不以不参而不横，则禅不以不参而不明，明矣。"（《答陶石篑编修》）这确实可说是一种独到见解。他又以为，禅宗历来以慧能"本来无一物"与神秀"时时勤拂拭"之差别而分顿渐、优劣，这实在是"下劣凡夫之见"。这也是不苟同于时俗的看法。此外，他也不满于时下儒禅相滥的现象，认为近代之禅所以有此弊端，始则王阳明以儒滥禅，后则士大夫以禅滥儒，其结果"不独禅不成禅，而儒也不成儒"。

尽管袁中郎对禅学十分自负，但他的禅也并不纯粹，处处透露出文人士大夫的生活情趣和思想感情。其兄伯修对此看得十分清楚，说："石头居士（中郎）少志参禅，根性猛利，十年之内，洞有所入，机锋迅利，语言圆转，自谓了悟，无所事事。虽世情减少，不入尘劳，然嘲风弄月，登山玩水，流连文酒之场，沉酣骚雅之业，懒慢疏狂，

未免纵意。如前之病，未能全脱。"（序《西方合论》）在中郎内心深处，充满着深刻矛盾。对于时事的日非，虽深怀忧愤，却也无可奈何；虽一意于参禅学佛，却又不愿放弃世俗的生活。儒佛的结合，使中郎思想表现出强烈的个人主义色彩。一方面他反对儒禅混滥，另一方面他所实践的正是儒禅的融合。如此而欲求得解脱，又怎么有可能呢？

明代 徐贲《峰下醉吟图》

描绘的是一处幽静的山水胜景。该画笔墨润雅，山石作披麻皴，皴擦并用，亭台、茅舍用线横直、长短富于变化。画上题识"蜀山徐贲为易道禅师写赠"，并题七言古诗一首："莲花峰下简禅师，半醉狂吟索赋诗，榻上诸僧禅定后，水边高阁莫钟时，不堪雨柳萦春梦，且看书灯照夜棋。苦羡云栖松上鹤，吾生漂泊竟何之。"

"阳明禅"的内涵是什么？

儒家心学集大成者、明代学者王阳明（守仁）在著作中，大量潜引禅宗教义，乃至直接援用禅语。阳明学的核心"致良知"学说与禅宗"顿悟"思想有着千丝万缕的联系。"致知"二字本来出自《大学》，但王阳明将它禅学化，称作"圣教的正法眼藏"、"学者究竟的话头"。

王阳明曾有过一段漫长的参禅经历，他自己承认："吾亦自幼笃志二氏（佛道），自谓既有所得，谓儒者为不足学。其后居夷三载，见得圣人之学若是其简易广大，始自叹悔错用了三十年气力。大抵二氏之学，其妙与圣人只有毫厘之间。"（《传习录》）王阳明一生为官所到之处，遍求佛刹，遍访禅师。他在对弟子们的教学中，曾"令看《六祖坛经》，会其本来无物，不思善，不思恶，见本来面目，为直超上乘，以为合于良知之至极"（黄绾《明道编》卷1）。他的同时代人陈建在《学通辨》中认为，"阳明一生讲学，只是尊信达摩、慧能，只是欲合三教为一，无他伎俩"。这就直接揭示出王阳明哲学与禅学的内在联系。事实上，当时学者中已有人直呼其学说为"阳明禅"了。

王阳明认为，"良知人人皆有"，致良知便可以作圣成贤，是故"满街都是圣人"。这与禅宗"见性成佛"主张如出一辙；"良知"实际成为"佛性"、"如来藏"的代名词。真如佛性既然可于一念悟时见得，般若菩提可于一念觉时证得，则良知也可于刹那间致得，这可谓"灵丹一粒，点铁成金"。阳明学另一重要内容"知行合一"说，在很大程度上得力于禅宗"定慧双修"的思想。而他的著名的"四句教"则具有禅宗顿悟与渐修不悖的旨趣。王阳明承认，他的"心即理"说"如佛家说心印相似"，是心学区别于其他理学派别的基本标志。

严格意义上说，王阳明学说仍然是一种入世的哲学，而不是出世的禅学，"阳明禅"这一概念应该予以特定的内涵。王阳明的人生态度是积极入世的，这就决定了他与禅宗消极出世的宗教神学之间的矛盾。尤其当他正式踏上政治舞台、实践他"成圣作贤"这一人生抱负之日起，他更明确地意识到佛教与儒家传统伦理观念的距离。佛教的出世哲学难以为现实所用，它与"修

齐治平"的圣人境界相去甚远。他又认为,佛教逃避现实的个体心性修养实在是自私心理的反映,目的"只是成就他一个私己的心"。这也与他重视世上磨炼,重建君臣父子封建伦常原则的理想难以吻合。正因为禅学与王阳明的人生理想、政治抱负缺乏统一的基础,所以他一再批评和反对禅学。

但是,禅学的心性论毕竟对阳明学的建立有重要意义。为了使禅学符合"圣道",有必要对它进行一番加工改造,使它为入世的哲学服务。王阳明说:"使其未尝外人伦、遗事物,而专以存心养性为事,则固圣门精一之学也,而可谓之禅乎哉!"(《重修山阴县学记》)这就是说,只要坚持封建人伦、修齐治平等基本原则,吸取禅学的心性之说,可以造成一种更为有效的学说。这样的"阳明禅",是典型的援禅入儒的学说,它不仅带有禅的印迹,而且有浓厚的宗教色彩(禁欲主义、静坐、修养),但在本质上它仍然是入世的哲学,因而称之为"阳明心学"更为适宜。有这样一个真实故事:在西湖畔一座寺院内,有一名三年不语不视的禅者,一天,王阳明对他喝道:"这和尚终日口巴巴说甚么?终日眼睁睁看甚么?"和尚猛然惊醒。王阳明问他家中还有谁在?答道还有老母在。又问:"起念否?"答:"不能不起。"于是,王阳明"即指爱亲本性谕之,僧涕泣谢。明日问之,僧已去矣"(《年谱》,三十一岁)。他就是这样用禅宗的机锋来宣扬儒家的伦理观念的。

❀ 王阳明像

王守仁(1472-1529),汉族,浙江余姚人。字伯安,号阳明子,世称阳明先生,故又称王阳明。中国明代最著名的思想家、哲学家、文学家和军事家。陆王心学之集大成者,精通儒家、佛家、道家,是中国历史上罕见的全能大儒。

缘何有清世祖"逃禅"之说？

清世祖顺治帝在他短暂的一生中，与佛教禅宗结下不解之缘。顺治之终，或说是"崩"，或说是"逃禅"，成为清初一大疑案。

公元1657年（清顺治十四），清世祖顺治帝召京师海会寺禅僧憨璞性聪入禁庭说法，赐号"明觉禅师"。顺治十五年、十七年，又先后召禅僧玉林通琇入京说法，于内庭问道，赐号"大觉普济禅师"，并赐紫衣、金印。顺治十六年，又召禅僧木陈道忞入京，频频致问，赐号"弘觉禅师"。清人昭梿《啸亭杂录》记世祖善论禅机事云："章皇帝冲龄践祚，博览书史，无不贯通，其于禅语，尤为阐悟。尝召玉林、木陈二和尚入京，命驻万善殿。机务之暇，时相过访，与二师谈论禅机，皆彻通大乘。"通琇弟子茆溪行森和道忞弟子旅庵本月、山晓本晰也相继入京传授禅法。通琇后来再次入京，世祖命他选僧千五百人从之受戒，尊为"国师"，通琇则为世祖取法名"行痴"。世祖凡请禅师说戒之类的御札，都自称"弟子某某"，即其玺书也有"痴道人"之称；凡师弟子、均以"法兄"、"师兄"相称。

逃禅之说，见于《清朝野史大观》等书记载，并以吴梅村《清凉山赞》诸诗为证。主要是指世祖在其爱妃董鄂氏死后入五台山（也有人说是京西天台寺）出家一事。据说，清圣祖（康熙）在位61年，曾5次

行幸五台山,曾驻跸菩萨顶,与吴梅村诗所谓"预从最高峰,洒扫七佛坛"吻合,而吴诗中所谓"中坐一天人,吐气如旃檀;寄语汉皇帝,何苦留人间",则示意圣祖已与世祖会晤。此外,世祖在世时也曾说过:"朕想前身的确是僧,今每到寺,见僧家明窗净几,辄低回不能去。"在佛教界广泛流传的《顺治皇帝悟道偈》里,有"吾本西方一衲子,为何落在帝王家"两句。这些也都带有世祖尔后"逃禅"的暗示。

一般认为,世祖在董鄂妃去世后,确曾有意于出家,并且也已落发,最终因他人劝阻而出家未成。陈垣先生对此有精详的考证。但董鄂妃之死,对世祖精神上影响极大,距她去世不到半年,世祖也便"驾崩"。总之,世祖"逃禅"之说并非纯系后人捏造,但也与事实大有出入。直言之,世祖一生好佛,因董鄂妃去世,逃禅之说顺理成章,但终究未付诸实行。

❁ 五台山全景

圆明居士是谁?

清世宗雍正帝博通群书,深明禅学,常与禅僧往来,以禅门宗匠自居,自号「圆明居士」。

❀ **雍正行乐图**

此图描绘了雍正身披佛衣,欣赏景色的场面。

雍正帝的禅学修养突出反映在他的19卷《御选语录》及为这些语录撰写的二十几篇序文中。他在《御制总序》中说:"如来正法眼藏,教外别传,实有透三关之理。……朕既深明此事,不惜话堕,逐一指明。"这话实在是十分自负的。在他看来,佛教界已无一人能懂得禅学,倒是要由这位俗世之主来"逐一指明"了。但从雍正的立场说,他也有自己的理由:"朕膺元后父母之任,并非开堂秉拂之人;欲期民物之安,唯循周孔之辙。所以御极以来,十年未谈禅宗,但念人天慧命,佛祖别传,拚双眉拖地以悟众生,留无上金丹以起枯朽,岂得任彼邪魔瞎其正眼,鼓诸涂毒灭尽妙心?朕实有不得不言,不忍不言者。"这就是说,作为世俗的皇帝,不仅要根据儒家的学说来治理天下,而且也有十分的必要解释佛教教义,使之与周孔之教一致。这里带有以儒为主,副之以释,共治天下的意思。

早在雍正未登基前,他已有了自己的"语录",名《和硕雍亲王圆明居士语录》,后来成为《御选语录》的第二部分(卷12)。他声称,当年的语录,虽是"任性卷舒,随缘出没",也未曾"遍阅群言",但与祖师的语录已"不约而暗符,无心而自合"。因有这等禅学修养,故理当"亲履道场,宜宣大觉法王之正令"。实际上,如果我们仔细阅读他的"语录",也只不过是历代祖师语录的翻版而已,并无更多新意。

雍正帝禅学也未摆脱时下盛行的禅净一致观点,以为"净土法门,虽与禅宗似无交涉,但念佛何碍参禅?果其深达性海之禅人,净业正可以兼修"。

为了表明对世间出世间所拥有的全部最高权力,雍正帝还亲撰《御制拣魔辨异录》(简称《辨异录》),直接出面干预禅宗内部天童圆悟与汉月法藏之争。他明确站在圆悟一派立场上,对法藏一派严加挞伐。他声称,法藏及其门人弘忍,"实为空王之乱臣,密云(圆悟)之贼子,世、出世间法并不可容者"。并发下谕旨,命削去法藏支派,永不许复入祖庭,如果有不服的,要以世法"从重治罪"。雍正在位期间,民间反清意识仍很强烈,法藏门下聚集了一批明末遗民,他们中的多数因怀故国之思而遁入空门。雍正拉拢一派而又打击一派,显而易见带有更为实际的政治意图。他所自誉的"深悉禅宗之旨,洞知魔外之情",为了"诸佛法眼,众生慧命"而"辟妄拣异",诸如此类动人言辞,只是残酷的政治目的的借口,终究难以为僧俗大众所信服。皇帝的淫威,虽然暂时弹压了法藏一派,却不能真正解决问题。为雍正帝始料所未及的是,在他死后,禅宗界对法藏给予了更高的评价,视之为"末法中龙象"、"天童之诤子",法藏的《语录》与他的《辨异录》并行于世。

❀ 雍正行书对联"竹影横窗知月上,花香入户觉春来"。

清初僧争的主要内容是什么？

明末清初，禅宗五家中唯有临济、曹洞尚存一息命脉，而临济又略胜于曹洞。

在清初统治者有意挑动下，两家之间以及临济宗内部展开了长期的派系之争。争论的内容颇为广泛，影响深远。争论的内容主要有以下几点。

一为《五灯严统》之争。该书为临济宗禅僧费隐通容所撰，内容基本出自《五灯会元》，但在传法世系上作了改动，即将早已定论的原青原行思下二传天皇道悟以及云门、法眼两家移置于南岳怀让下传承，从而引发争论。此争源于宋代临济宗觉范慧洪所著的《林间录》，该书据所谓丘玄素所撰碑文，谓天皇道悟并非嗣法希迁，而是嗣法道一，故云门、法眼两家应属南岳一系。南宋以后，云门渐衰，曹洞起而代之，原来临济、云门之争也便演化为临济、曹洞之争。况且《严统》又将曹洞宗著名禅僧无明慧经、无异元来列于"未详法嗣"之内，更激起曹洞宗人的反感，于是双方几乎出动全班人马，争执不下。这一争论，客观地说，纯属派系之争，与教义无关。当然，禅宗界对派系归属如此重视，有它的特殊原因。

二为善权寺常住之争。善权寺位于江苏宜兴境内，创建于南北朝萧齐高帝建元年间，寺址据传为祝英台故宅。唐武宗会昌中被废，唐宣宗大中年间重建。宋代名广教禅院，明代改名善权寺。清初曹洞宗禅僧百愚及其弟子智操为住持，对该寺有所开拓。"常住"指寺院及其所属财物。先时临济宗禅僧幻有正传的剃度师乐安的塔也在寺内，玉林通琇以保护祖塔为名，展开了夺取善权寺、排斥曹洞势力的努力，从而爆发争执。通琇当时已被顺治帝封为"国师"，成为名重朝野的禅门新贵，曹洞宗禅僧难以匹敌。不久，善权寺即为"豪有力者主之"，通琇不仅夺得善权寺，而且又凭借政治背景，取得天目、虞山、龙池等地的名刹。其后，他又令弟子白松行丰强占善权寺侧的陈家祠堂，陈氏被迫起而反抗，率众焚烧了善权寺。

纵观通琇如此行径，足见清代佛教的实况了。正如陈垣先生指出的，"所谓新朝国师者，固如是乎！以若所为，诚足以退人善根，阻人向上者也。"（《清初僧诤记》卷3）但对于清初统治者来说，禅宗内部的这种新旧势力之争无疑是有益而无害的。制造矛盾，利用矛盾，这是清初君主们对待佛教的共同策略。

三为圆悟与法藏之争。临济宗下天童圆悟与汉月法藏名义上虽是师徒关系，但缺乏师徒情谊。法藏对圆悟并无心悦诚服之意，自谓于禅法之悟出于无师"自悟"，但为了列身于临济正宗，取得该宗继承权，乃屈就于圆悟门下。圆悟因法藏名声在外，故委以"首座"重任，并付以"源流"、拂杖，但内心已构嫌隙。这是后来两人反目的根由。先是法藏著《五宗原》，发表自己不苟于时的禅学观点。圆悟见后，随即起而辟之。法藏弟子谭吉弘忍为扶持师说，继而著《五宗救》。不久，法藏、弘忍相继去世，圆悟又著《辟妄救略说》，对二人之说再次严厉批驳，并发泄心中怨恨，说："汉月野狐精，反谤老僧为一橛头硬禅；谭吉野狐精，反妄老僧于从上来事，不无毫发遗恨。"《五宗原》认为，禅宗五家各有宗旨，不当混滥，然而，"比年以来，天下称善知识者，竟以抹杀宗旨为真悟，致令无赖之徒，无所关制，妄以鸡鸣狗盗为习，称王称霸，无从勘验，诚久假而不归。"这一思想有挽救禅宗弊病，恢复固有特色的意图。法藏《自赞》也称："七百年来临济，被人抹煞无地；惟有者老秃奴，偏要替他出气；惹得天下野狐，一齐见影嗥吠。"而在圆悟看来，所谓"宗旨"，便是"棒喝"之类，"人岂有五宗之差别"、"岂可离人别有宗旨？"意谓五家宗旨之别已实无必要。这种观点与当时禅宗界的实际情况一致。这场争论最后在雍正帝直接干预下告终，法藏一系不仅被打入另册，永不再入祖庭，而且其著述被焚，其子孙不许说法。

❀ 五灯会元二十卷（十二册）

明清禅宗史著述有哪些？

明清时期，禅宗史学者继承了宋代「灯录」撰写的传统，有不少新的「灯录」问世。

明清时期，禅宗史学者继承了宋代"灯录"撰写的传统，有不少新的"灯录"问世。

这些著述是：明玄极撰于洪武年间（1368～1398）的《续传灯录》36卷；明文琇撰于永乐十五年（1417）的《增集续传灯录》6卷；明瞿汝稷撰于万历二十三年（1595）的《水月斋指月录》32卷；明净柱撰于崇祯十七年（1644）的《五灯会元续略》4卷；明通容撰于永历四年（1650）的《五灯严统》25卷；明元贤撰于永历五年（1651）的《继灯录》6卷；明朱时恩撰于崇祯四

❁ 福州鼓山涌泉寺山门

年（1631）的《居士分灯录》2卷；清通问撰于康熙五年（1666）的《续灯存稿》12卷；清性统撰于康熙三十年（1691）的《继灯正统》42卷；清超永撰于康熙三十二年（1693）的《五灯全书》120卷；清聂先撰的《续指月录》20卷；清通醉撰于康熙十一年（1672）的《锦江禅灯》20卷；清如纯撰于康熙四十一年（1702）的《黔南会灯录》8卷等。其中《续传灯录》、《增集续传灯录》及《继灯录》都属于对宋代"五灯"的继续。玄极不满意于《五灯会元》之作，认为该书"其用心固善，然不能尊《景德传灯（录）》为不刊之典，复取而编入之，是为重复矣"。于是他"断自《景德传灯》以后，肇于大鉴（慧能）下若干世汾阳（善）昭禅师，编联至若干世某禅师而讫"。总计为11世，人以千计，止于宋末元初。其后文琇又认为《续传灯录》成书太仓促，所收太略，为了弥补遗漏，故作《增集》。元贤之书则是对上述诸书的再次增补。这样，元、明两代的重要禅师，至此大致被收集完备。《五灯全书》为超永根据普济的《会元》和清代海宽的《缵续》二书，"删其繁芜，增所未备"，费时约30年而完成的灯录之大成，共收载7000余人。此书曾进呈御览，颁内府梨版刊行，冠以御制序。

除了灯录，有关禅宗史的著作还有：明如巹撰的《禅宗正脉》10卷；明黎眉等撰的《教外别传》16卷；明如巹撰的《缁门警训》10卷；明净善撰的《禅林宝训》4卷；明袾宏撰的《禅关策进》1卷；清本晳撰的《宗门宝积录》93卷；清纪荫撰的《宗统编年》32卷；清自心、性磊撰的《南宋元明禅林僧宝传》15卷；清心圆、火莲撰的《揞黑豆集》9卷等。这些著述体裁很不一致，内容各有所偏。

此外，明清时期也有不少禅僧语录的专集。属于临济宗的，如《笑岩集》4卷，是笑岩德宝的语录集；《密云悟禅师语录》13卷，道忞编，是天童圆悟的语录集；《汉月藏禅师语录》16卷，弘储编，是汉月法藏的语录集；《普济玉林国师语录》10卷，是玉林通琇的语录集；《九会语录》、《百城北游录》、《弘觉禅师语录》是木陈道忞的语录集。曹洞宗禅师的语录集有《无明慧经禅师语录》4卷，《无异元来禅师广录》35卷，《永觉元贤禅师语录》30卷，《湛然圆澄禅师语录》8卷等。这些语录成为研究明清时期禅宗思想的重要材料。

《指月录》是怎样一部书？

《指月录》，全称《水月斋指月录》，明代文人瞿汝稷所撰，全书32卷，是儒生谈禅之作。

"指月"，是佛教常用的譬喻，以"指"喻言教，以"月"比佛法。此喻出自《楞伽经》卷2："如人以手指月示人，彼人因指当应看月；若复观指以为月体，此人岂唯亡失月轮，亦亡其指。"龙树《大智度论》卷9也写道："如人以指指月，以示惑者。惑者视指而不视月，人语之言：'我以指指月，令汝知之，汝何以看指而不视月？'此亦如是：语为义指，语非

义也。"意思是说，文字语言（"指"）是教人认识佛法（"月"）的一种途径，目的在领悟佛教的精神；如果拘泥或执著于名相言教，并以此为佛法本身，那就永远达不到目的。禅宗成立后，便借此思想大力发挥它"不立文字、教外别传"的教义。

瞿汝稷是明儒管志道（东溟）的学生，管志道提倡儒佛调和统一，使"儒不碍释、释不碍儒"，"儒不滥释，释不滥儒"。瞿汝稷受师教影响，对佛教特有所好，乃撰《指月录》。

《指月录》内容，记录了从过去七佛到大慧宗杲禅宗传承法系650人的言行，卷1至卷3记过去七佛、应化圣贤、西天祖师（西天二十八祖）；卷4述东土六祖，从菩提达摩到慧能；卷5至卷30述慧能下第1世至第16世；卷31、卷32为大慧宗杲禅师语录。

《指月录》是儒者谈禅之作。它不只是禅宗传法历史的记述，而且兼有使人因此书而见道的意思，因为一切言教无非为入道而设的方便，

四臂观音

江苏镇江金山寺山门

如以指指月,使人因指而见月。它既是灯录的一种,但又不完全同于灯录。对于世人来说,它无论在材料的编排裁剪上或是在文字语言的运用上,都有较大的吸引力,成为一部颇合口味的禅学读本。实际上,该书之作主要对象也是非出家信徒,尤其是普通知识阶层。因此,《指月录》一书始终在社会上广泛流传,至今仍受僧俗一般读者的欢迎。但由于它是对过去灯录资料的加工整理,故若要把它作为学术研究的材料使用,则是不很适宜的。

因《指月录》只录述到慧能下第16世,所以清代聂先(号乐读)继之,撰成《续指月录》。内容自宋孝宗隆兴二年(1164)六祖下第17世起,迄清圣祖康熙十八年(1679)第38世止。《指月录》虽录述止于16世,但实于16世临济、曹洞、云门诸宗尚有遗漏,故《续指月录》尽力收集有关机缘句语,另成《瞿录补遗》1卷,置于卷首。又自南宋后凡未能表明师承者,别列《尊宿集》1卷,置于卷末。全书共20卷。

何谓"丛林"？

"丛林"又名"禅林"，因为它通常指禅宗寺院而言。但是后来教、律各宗寺院也有仿照禅林制度而称丛林的。丛林，取喻于僧众和合一处，如大树丛聚；或取喻于草木生长齐整，以示其中有规矩法度。

禅宗成立初期，僧众多岩居穴处，或寄住律寺，尔后因徒众日多，便往往聚于一处修禅问道。百丈怀海见这种形式不合传统礼法制度，尊卑难分，对说法住持等多有不便，于是结合儒家伦理观念，别立禅居。这就是丛林的最初形态。

随着禅宗的繁盛，至唐末五代时，丛林规模不断扩大，大型禅院开始形成。入宋后，丛林建置日趋完备，禅僧也以集中居住为常，在著名禅师住持的丛林，往往聚集着数以百计的僧众。南宋时期，佛教重心继续南移，江南禅宗名僧所居丛林其住众常达千人以上（如圆悟克勤所住的江西云居寺，大慧宗杲所住的浙江径山，天童正觉所住的泗州普照寺和明州天童寺，长芦清了所住的真州长芦崇福寺等）。

丛林制度，最初只建方丈、法堂、僧堂、寮舍。方丈为住持所居之室（取维摩诘菩萨所住卧室仅一丈见方而容量无限之意）；法堂为演说佛法之所；僧堂即禅堂，系禅僧昼夜参禅行道之处；寮舍置十务（十职），分司各事。《百丈清规》所立"十务"，主要管理全寺劳作事务。随着禅院经济的改善和禅僧生活的变化，丛林职能也在改变，在宋代《禅院清规》后，"十务"之职大体固定下来，它们是指：监院（主管寺院经济）、维那（主管人事、和合僧众）、典座（主管食宿）、直岁（主管土木建设）等"四知事"；首座（禅僧中德业最高者）、书状（主管文书）、藏主（主管佛经典籍）、知客（主管接待来访）、浴主（主管洗浴）、库头（主管财物库藏）等"六头首"。由于后来丛林组织的日趋庞大，各寺家风各有所尚，住持往往因时制宜，自立职事，乃至丛林职事名目层出不穷，等级区分更趋明显，宗法色彩更为浓厚。这是禅宗进一步世俗化、与社会现象适应的结果。

佛教寺院内，住持身为一寺之

主,各以其所秉承的宗派教义传授学人,故初期寺院尚无严格的宗派继承问题。唐末以后,由禅宗衣钵相传的习惯所决定,寺院的住持渐有世代的标称(曹洞宗天童正觉为天童寺第16世住持)。但是,那时寺院特点大体仍然根据先后住持所秉承宗派的不同而时有变更,住持所秉承的宗派与寺院的世代没有联系。元、明之后,天下寺院被分为禅、教、律三类,令各守其业,不得变易,宗派与寺院的关系乃逐渐趋向固定。近代丛林,以其住持传承的方式不同,分为"十方"和"子孙"两类。十方住持院属于公请各方著名禅师任住持(通过选举)的禅院,又名十方丛林。子孙住持院的住持是一种师资相承的世袭制,又名甲乙徒弟院。子孙住持院经本寺禅众同意,可改为十方;十方住持院原则上不许改为子孙住持院。一般地说,寺院不许买卖,但是子孙住持院经双方同意,(实际上)可以作有代价的转让。为了控制非本宗派丛林,或为了取得住持之职,历史上(直至近代)丛林纷争时有发生。

云翔寺

云翔寺始建于梁天监四年(505),初名为"白鹤南翔寺"。康熙帝改名为"云翔寺",后毁于天灾人祸。云翔寺以唐风复建,在江南地区,完整的仿唐寺庙,这还是第一座。

近代丛林清规是何等面貌？

清规是丛林（禅宗寺院）组织的规则和禅僧行事的章程，自怀海制定禅门《清规》后，历代都曾为适合当时的实际需要而有所增益。明清以后，禅宗和净土宗成为佛教的主要形式，丛林的清规实际上成为佛教寺院普遍参照遵循的规则。

近代丛林一方面依据通行本《百丈清规》（元德辉所编《敕修百丈清规》，计九章：一祝、二报恩、三报本、四尊祖、五住持、六两序、七大众、八节腊、九法器）有关规则行事，另一方面又对其中一些内容更作详尽规定，确认细则，如对其主要部分第七章"大众"行事部分专列《共住规约》，令丛林禅众共同遵守执行。

近代丛林有关禅众共同遵行的清规很多，篇幅所限，择要介绍数项。

一是结夏和结冬。"结夏"源于印度佛教，古印度佛教僧侣在雨期三个月里，为防止伤害草木幼虫，被禁止外出乞食，而只能在寺内接受供养，禅坐修学，此名"夏安居"，又为"雨安居"。中国佛教继承这一传统，称为"夏坐"或"坐夏"，开始阶段名"结夏"，结束阶段名"解夏"或"安居竟"。时间为阴历四月十六日至七月十五日。"结冬"则是仿照结夏制度集合江湖僧众来专修禅法的，故称为"江湖会"。这是中国佛教自己所创行的，时间为阴历十月十六日至次年正月十五日。清代丛林曾一度只重视结冬而放弃结夏，但后来没有坚持，故近代丛林仍都实行"冬参夏讲"（结冬期内重坐禅，结夏期内重讲说）的清规。在结冬期内有一重要宗教活动，这就是通常所说的"打禅七"或"打七"。所谓"打禅七"，指延长坐禅时间，并以每七天为一期举行禅会，从一七（1个7日）乃至十七（10个7日）不定，意在令禅僧于特定环境中加速领悟。

二是挂单。"挂单"亦名"挂锡"、"挂搭"。"单"指僧堂东西两序（"两序"又名"两班"，丛林仿朝廷文武两班，在住持下设东序、西序两班。东序选精于世事者担任，称"知事"，西序选学德兼修者担任，称"头首"）的名单。"锡"指锡杖，杖高与眉齐，头有锡环，为僧侣法器之一。《祖庭事苑》载，"西域比丘，行必挂锡，有二十五威仪。凡至室中，不得著地，必挂于壁牙上。今僧所止住处，故云挂锡"。挂单或挂锡便是将衣钵或锡杖挂于东西两序名单下的钩上。禅僧因参禅之需，特重游方（云游四方）。清规规定，凡衣钵、戒牒俱全的游方僧（云水僧、行脚僧）抵达某丛林，都可挂单，但因两序尚未列名，只能暂住于云水堂。待挂单日久，考察结束，便可进入禅堂，名为"安单"，与丛林成员（通称"清众"）一起结夏。

三是普请。"普请"即普遍邀约大众参加劳作。唐代不少禅师提倡亦农亦禅的生活方式，凡耕作、摘茶等作务都以普请方式进行。宋以后禅僧应赴经忏之事逐渐盛行，丛林经济另有途径，普请之法实际只限于一些轻微劳动。近代佛教提倡革新，建立"人间佛教"，普请法又被重视起来。僧中有识见者提出，禅僧"愿为农者就居山寺丛林，种植田园，开荒务农；愿做工的就居城市寺院，就其性之所近，各执一种工作"。他们认识到，"生产化是僧徒各尽所能，生活自给，绝对避免土劣式的收租放债和买卖式迷信营业"；"做和尚，并不是一种职业，而也能参加劳动生产。对于社会经济，关系最大"。所以近代丛林已将生产劳动列为佛事之一。无论是田地耕作，山林管理，垦荒植树，乃至行医救治，丛林都作出了自己的贡献。

武汉归元寺藏经阁

法堂和禅堂有何用途？

"法堂"，又名"讲堂"，是演说佛法、皈戒集会之所。法堂之建，始于东晋道安。隋唐宗派佛教时，各宗都视法堂为寺院内仅次于佛殿的主要建筑。禅堂，古称僧堂或云堂，也是禅宗丛林的主要建筑。

禅僧怀海创立禅门《清规》，其中规定"不立佛殿，唯树法堂，表佛祖亲嘱授当代为尊也"。这是把法堂置于禅寺最重要的地位。宋明以后禅宗寺院则逐渐有忽视法堂而重视佛殿的倾向。

法堂内一般设有佛像、法座、钟鼓、罘罳法被或板屏等器具。法座又称狮子座，于堂中设立高台，中置坐椅，为禅师说法之座；座前设讲台。法座之后置罘罳法被或板屏，或挂狮子图以象征佛的说法。"灯录"中所提到的"上堂示众"、"上堂"、"示众"等，都是禅师于法堂向僧众的说法开示。但这种开示具有很大的灵活性，与教派（天台、华严、唯识等）大师们的说法讲经不可同日而语。

如南泉、普愿的一则上堂开示："师示众云，'王老师（普愿自谓）要卖身，阿谁要买？'一僧出云，'某甲买'。师云，'他不作贵价不作贱价，汝作么生买？'僧无对。"（《景德录》卷8）又如赵州从谂的一段说法："上堂示众，'……佛是烦恼，烦恼是佛'。时有僧问，'未审佛是谁家烦恼？'师云，'与一切人烦恼'。僧云，'如何免得？'师云，'用免作么？'"（《景德录》卷10）实际上，禅宗的法堂曾是师徒互相启发、激扬禅法的重要场所。

据怀海所立《清规》称，"哀所学众，无多少，无高下，尽入僧堂中，依夏次安排。设长连床，或以陈如、宾头罗为圣僧，或以文殊师利、大迦叶为圣僧，随宜不定。先时禅堂兼作斋堂，故多安宾头罗像于其中。据传宾头罗为十六大阿罗汉之首，因故意显示神通而受佛惩罚，不得入涅槃而留住世间，故仍须用饭。又传道安注经论，疑有不合理处，夜梦宾头罗劝他设食，愿助他释疑。于是道安专为宾头罗立座，后来就成为定例。唐大历四年（769），不空奏请令置文殊师利像于宾头罗之上。丛林发达以后，斋堂与禅堂开始分离，并且禅堂在西，斋堂在东也逐渐成为丛林定式。

近现代禅宗有哪些重要人物?

由于明清时期「融混佛教」政策的实行，使禅宗和净土宗之间的界限此时已十分模糊。近代佛教寺院几乎都是禅宗丛林，但禅僧又几乎都离不开念佛拜佛。

太平天国时期，反对偶像崇拜，排斥佛教、道教，大量寺庙被太平军毁坏，佛教遭受重大打击。清末、民国初年，新思潮兴起，佛教再次受到冲击。由于上述原因，近现代佛教将重心转移到佛学研究的兴趣上，试图通过佛学研究而"中兴佛教"。就禅宗而言，在思想和实践上有所建树的禅师相继出现。现择要介绍几位予当今佛教有影响的禅僧。

敬安，俗姓黄，字寄禅，湖南湘潭人。17岁（1867）时从湘阴法华寺东林和尚出家，后赴阿育王寺礼佛舍利，燃二指供养，遂称"八指头陀"。他生平以诗结交海内贤豪，留下不少诗篇，其中名句如"我虽学佛未忘世"，"国仇未报老僧羞"等，表现出爱国热情，故被视为近代爱国诗僧。

应慈，俗姓余，名铎，号振卿，别号华严座主，安徽歙县人。24岁（1896）于普陀山从明性和尚出家，赴宁波天童寺依寄禅受具足戒，得法于天宁寺冶开禅师，为临济法脉第四十二世。

太虚，俗姓吕，本名淦森，法名唯心，浙江崇德（今并入桐乡）人。16岁（1904）出家，同年依宁波天童寺寄禅和尚受具足戒。寄禅死后，他提出进行教理革命、教制革命、教产革命的口号，鼓吹"佛教复兴运动"，建立新的僧团制度。又提出"人生佛学"、"人间佛教"、"人间净土"等多种新设想。1949年以后佛教界实行"农禅并重"，以"庄严国土，利乐有情"为己任，提倡"人间佛教"，多少受了太虚革新思想的影响。

虚云，俗姓萧，初名古岩，字德清，湖南湘乡人。1883年至福州鼓山涌泉寺出家，从妙莲和尚受戒。曾遍参金山、天童、天宁诸丛林。历任鼓山涌泉寺、广东南华寺、云门寺等住持。晚年住持江西云居山真如寺。其禅功和苦行为国内外佛教界所推重，是近现代中国禅宗代表人物之一。

◎ 佛教小百科 ◎ 禅宗

禅宗对诗词有过什么影响？

受社会环境影响和禅宗思想熏陶，琴棋书画与参禅悟道已成为文人士大夫生活的两个侧面。

王维、孟浩然、柳宗元、白居易等诗人的作品表现出受禅熏陶的痕迹，许多诗歌抒发了一种无欲恬淡、脱欲出世、清闲幽居的感情。

禅与诗在唐以后互相影响，联系甚密。这两者都需要内在的感受和体验，都注重启示和象喻，追求一种言外之意，强调一种幽远的境界。明季知空和尚评陈佐才诗说："今山僧与居士评诗，居士与山僧谈禅，何耶？自古诗情半个禅，以诗为禅，以禅为诗，无可无不可也。"元好问《赠嵩山隽侍者学诗》中说："诗为禅客添花锦，禅是诗家切玉刀。"骚人墨客通过参禅体验，在他们的诗词中表达禅理和禅趣，禅僧也通过与文人酬唱，述说他们对宇宙人生的理解。

王维的诗饱含了禅的意趣和境界。"行到水穷处，坐看云起时"，表现的是随遇而安，寄兴自然，不起世虑的超然意境。这一意境出自禅宗"任性"、"无住"之旨。他的《鹿柴》一诗云："空山不见人，但闻人语响；返景入深林，复照青苔上。"《鸟鸣涧》一诗云："人闲桂花落，夜静春山空；日出惊山鸟，时鸣深涧中。"也都描绘了难以言说的意境，这种意境只有通过禅的体验才能加以表现，只有在人与大

✿ 明 宋旭《松壑云泉图》

宋旭（1525～?），字石门，浙江嘉兴人，后为僧，法名祖玄，又号天池发僧。该画设色清淡，构图空灵而不松散。挺松木桥，相映成趣。

自然的水乳交融中才能获得。与此类似,柳宗元《江雪》"千山鸟飞绝,万径人踪灭;孤舟蓑笠翁,独钓寒江雪"一诗也充满了画意。韦应物《滁州西涧》"独怜幽草涧边生,上有黄鹂深树鸣;春潮带雨晚来急,野渡无人舟自横",同样是幅极妙的写意画。它们虽然没有直接谈禅,但在笔墨之中或笔墨之外深寓禅意,意象丰富,境界高远。此外,也有直接以禅入诗的,但往往反而缺乏意境的情趣。

士大夫们既不放弃世俗的物质享受,又要追求高雅、清幽的精神乐趣。通过参禅生活,丰富了诗词的题材和意境,寄托了作者对世事变幻、人生苦痛的感受以及对理想生活的追求。苏轼说:"暂借好诗消永夜,每逢佳处辄参禅。"在他看来,好诗应当与禅学联系在一起,其原因便是意境上相互沟通。他的《题西林壁》云:"横看成岭侧成峰,

❀ 鱼篮观音图

观世音菩萨大约在汉晋前后从印度传入中国,是佛教诸神中在中国民间影响最大、信仰最众的一尊菩萨。随着佛教在中国的深入传播,中国人塑造出了多种观音法身。其中鱼篮观音是民间十分熟悉的一种观音造像。

远近高低各不同;不识庐山真面目,只缘身在此山中。"这首诗把宇宙人生融为一体,耐人寻味,充分体现了作者对禅的深刻体验。黄庭坚为首的江西诗派不用陈词滥调,喜欢从佛经、语录中寻觅典故,形成独特风格。吕居仁曾说,黄诗之佳处就在"禅家所谓死蛇弄得活",不是生硬搬运。南渡后,杨万里、范成大、陆游、尤袤等所谓"中兴四大诗人",也都与禅有种种因缘。明代公安派中坚袁宏道主张抒写性灵,"不拘格套,非从自己胸臆流出,不肯下笔"。他自称对禅有独特的见解,他的诗以描写山林泉石为主,从中寄托禅的意境,表现得清新流畅。

应该怎样赏析禅诗？

禅僧重视内心自我解脱，从日常生活的细微事件中受到启发，对大自然有一种特殊的亲切感情。所以禅诗的主要对象是幽谷、山寺、寒松、古柏、白云、明月，抒写一种淡泊无为、寂寥闲适的思想感情。

自六朝以来，中国诗僧辈出，其中以唐宋两代最为突出。唐宋禅宗发达，禅僧相聚于丛林，寓禅于诗，以诗喻禅，视此为一大乐事。有专集传世的诗僧不下数十家，而载录诗僧遗闻逸事、品题僧诗高下得失的，散见各家诗话、笔记。

寒山、拾得的诗被后人辑为《寒山子诗集》，在社会上广泛流传。寒山诗句"有人兮山径，云裘兮霞缨。秉芳兮欲寄，路漫兮难征。心惆怅兮狐疑，蹇独立兮忠贞"，被世人誉为"虽使屈宋复生，不能过也"。

禅宗当时主要流传于南方，故诗僧中多半为禅僧。诗僧皎然出身没落世族，幼年出家，专心学诗，中年参谒各家禅师，得心地法门，具备门第、诗才、禅学三个条件，故得以与朝中卿相士大夫及地方长官交游。《因话录》说他工律诗，曾于舟中作古体诗十数篇求见韦应物，不料未得韦应物青睐。第二天，改写旧制献上，韦应物大加称赏，对皎然说："你为什么揣摩老夫的喜好，而隐藏自己的长处？"皎然又曾上书包佶中丞，推荐越僧灵彻，内中云："灵彻玄言道理，应接靡滞，风月之间，亦足以助君子之高兴也。"这些都是不足取的。但皎然的诗名毕竟很大，有《杼山集》10卷。宋人叶梦得《石林诗话》中说："唐诗僧，自中叶以后，其名字班班为当时所称者甚多，然诗皆不传，如'经来白马寺，僧到赤乌年'数联，仅见文士所录而已。陵迟至贯休、齐己之徒，其诗虽存，然无足言者。中间唯皎然最为杰出，故其诗十卷独全，亦无过其人者。"贯休7岁出家，唐天复中（901～907）投益州王建，王建赐号"禅月大师"，故其所存诗集12卷名《禅月集》。齐己7岁时为寺院牧牛，用竹枝画牛背为诗，常得好句，寺僧惊奇，劝令落发为僧。他自谓爱乐山水，懒谒王侯，作诗云"未曾将一字，容易谒诸侯"。

宋代以后,文字禅兴起,禅僧舞文弄墨,以为禅与文字不可偏废,当相得益彰。故禅僧以偈示心得,以诗显悟道,寻诗觅句成为时尚。各种《灯录》、《语录》以及《碧岩录》、《从容录》中所披示的偈、颂、歌、诀,广义上说都是禅诗,有些偈颂的意境还并不低。如五祖法演有一偈极富情趣:"金鸭香消锦绣帏,笙歌丛里醉扶归。少年一段风流事,唯许佳人独自知。"这是写对禅的直觉体验,悟道时的感受。《彦周诗话》更以为禅僧晦堂祖心"不住唐朝寺,间为宋地僧。生涯三事衲,故旧一枝藤。乞食随缘过,逢山任意登。相逢莫相笑,不是岭南人"一诗乃"道眼所了,非世间文士诗僧所能仿佛"。唐僧灵一《溪行纪事》诗云:"近夜山更碧,入林溪转清。不知伏牛路,潭洞何纵横。曲岸烟已合,平湖月未生。孤舟屡失道,但听秋泉声。"这一境界在另一禅僧德诚的《船居寓意》中表现得更为出色:"千尺丝纶直下垂,一波才动万波随。夜静水寒鱼不食,满船空载月明归。"如此诗句并不亚于王维、柳宗元的山水诗。后来黄庭坚将此诗改写为长短句云:"一波才动万波随,蓑笠一钩丝。金鳞正在深处,千尺也须垂。吞又吐,信还疑,上钩迟。水寒江静,满目青山,载明月归。"远不如原诗简洁、凝练。

但自宋代以降,文字禅发展的过程中,禅僧也有离经叛道、别出心裁之作,觉范惠洪可算代表。惠洪著有《林间录》、《文字禅》、《冷斋夜话》等,其得意之句有"十分春瘦缘何事,一掬归心未到家"。其赠女尼昧上人诗云:"未肯题红叶,终期老翠微;余今倦行役,投杖梦烟扉。"故《渔隐丛话》指斥道:"忘情绝爱,瞿昙氏之所训。惠洪身为衲子,词句有'一枕思归泪'及'十分春瘦'之语,岂所当然?"类似"浪子和尚"不乏其人。

❀ 王维像

王维(701~761),字摩诘,祖籍太原,唐朝诗人,精通佛学,以佛入诗,外号"诗佛"。

禅宗如何影响绘画艺术？

佛教禅宗对绘画艺术的影响，不仅在于绘画形式的改变，更主要的是创作思想的突破。纵观唐宋以至明清画坛，凡有相当名望者，无不深受禅宗思想熏陶，其作品无不渗透着禅意、禅境。今人欣赏历代名画，若没有些许禅学知识，不易领略其中意境。

伴随佛教传入中国的，有各种文化艺术，绘画即是其中之一。中国绘画，在佛教尚未传入之前，已具独特风格，后来因受佛教影响而产生重大变化。魏晋南北朝至隋唐，佛教题材的绘画占有突出的重要地位。张彦远《历代名画记》举唐代"两京外寺观画壁"有上都寺观画壁140余处，东都寺观画壁20处，多出于名家之手，其中吴道子画就有32处。内容多为佛经经变故事，净土变相及佛、菩萨之像等。

王维家世信佛，入宦后，公事之余常至寺院与高僧讨论佛道。安史之乱后，他已无心世事，遂耽于禅悦，并将参禅领悟的意境引入诗画，使诗画风格发生重大变化。

他的绘画多山水之作，以气韵为主，变钩研之法为水墨渲淡，使超然空灵的襟怀与萧疏清旷的山水融为一体。将画意与禅心化为一炉。王维的浓淡墨色的山水画开创了超然洒脱、高远淡泊、以意境相尚的"南宗"画风。苏轼所谓观摩诘之画，"画中有诗"，指的便是受禅学影响而融入画中的意境。王维画面中的雪景、剑阁、栈道、晓行、捕鱼、雪渡、村墟等别有一番山野风趣。

王维的画是在对禅宗思想领悟后的独创，它取材于现实生活，抒发的是真实感情，其意义极为深远。在王维之后，山水画逐渐摆脱附属的地位，发展为独立的画种。

得王维真传的有张璪、王洽等人。张璪自谓其画"外师造化，中得心源"，与禅宗心性之学有内在联系。所画古松气傲烟霞，势凌风雨，随意纵横，应手间出；所画山水则高低秀绝，咫尺深重，石尖欲落，泉喷如吼，纯出自然，匠心独运。浓墨淡笔都从胸中流出，不加半分修饰，这无疑得益于禅家心性修养功夫。王洽，又名王墨，以善泼墨山水而名。王洽性多疏野，常优游江湖之间，作画每在醺酣之后，常以墨泼洒之。俯观则不见其墨污之迹，这可算是把禅宗活泼洒脱的风格运用到家了。

唐末、五代、宋初，是为禅宗全盛时期，也是山水画"南宗"进入发展的时期。王世贞云："山水至二李，一变也；荆、关、董、巨，又一变也。"荆浩博通经史，因五代多乱而隐于太行山之洪谷，与禅僧野老往还。他工于山水，善为云中山顶，四面峻厚，笔墨横溢，号称"唐末之冠"。邺都青莲寺僧大愚曾以诗向他乞画。关仝喜作秋山寒林，村居野渡，幽人逸士，渔市山驿，使见者悠然如在灞桥风雪中，三峡闻猿时，不复有朝市抗尘走俗之状。《宣和画谱》说他的画"笔愈简而气愈壮，景愈少而意愈长"。如此超尘脱世、孤高独步之作显然也根源于画家深刻的禅学意境。董源也善山水，尤工秋岚远景，溪桥渔浦，其画平淡天真，自然而成。巨然是南唐江宁开元寺的和尚，其画祖述董源，而臻于妙境，内中清淡雅逸之趣多得力于禅家心性之学。禅宗虽为宗教，但其精神影响绘画艺术，使山水画背离宗教威严的佛教画而走向与大自然的结合。

明清时期画论总结历史，一致指出禅宗对绘画艺术的重大影响。董其昌说："行年五十，方知此派（北宗）画殊不可学，譬之禅定，积劫方成菩萨，非如董、巨、米三家，可一超直入如来地也"。石涛和尚更直接以禅僧口吻指出，作画"在于墨海中立定精神，笔锋下决出生活，尺幅上换去毛骨，混沌里放出光明"。禅宗兴而绘道盛，禅宗衰而画坛冷。明清禅林凋敝，画坛也无突出名家，致使"大江南北，无出石（涛）师右者"。

明代 吴彬《涅槃图》

此图描绘了佛陀入灭时的情景。人物众多，神态各异。

胡适对禅学研究有过什么贡献？

胡适先生从1924年起撰写《中国禅宗史》，随即对中国初期禅宗的一些重要人物和事件发生浓厚兴趣，做了许多考证工作。直至晚年，禅宗史的研究仍占有重要位置；在他的学术著作中，有关禅学的占有不少的分量。

1926年9月，胡适赴欧洲参加会议。他在巴黎国家图书馆发现了伯希和劫走的敦煌写本三种神会的《语录》，又在伦敦大英博物馆发现了斯坦因掠去的敦煌写本神会的《顿悟无生般若颂》。1927年回国途径东京时，又从日本学者那里得知大英博物馆所藏的敦煌写本《坛经》。后来，胡适把《神会语录》和敦煌本《坛经》等加以整理、比较，在1930年出版了《神会和尚遗集》一书。他后来回忆这段历史时说："这一发现影响之大则非始料所及，因为它牵涉到要把禅宗史全部从头改写的问题。"（《胡适自传·从整理国故到研究和尚》）这话虽有点危言耸听，但胡适的发现对后来的研究确实产生过重要影响。

胡适去世前后，有关《坛经》作者、神会地位以及早期禅宗史一系列问题的讨论已经深入展开，不仅国内学者，日本学者如宇井伯寿、铃木大拙、柳田圣山、关口真大、入矢义高也纷纷发表自己看法。近年来，国内学者对《坛经》以及《神会语录》研究的兴趣日益广泛。通过中外学者的一致努力，禅宗研究无疑已达到较高水平，并仍在向纵深发展。应该承认，这一繁荣局面，可溯源于胡适当年敦煌写本资料的发现以及对它们的初步整理和研究。在这方面，他有首创之功。

胡适《神会和尚遗集》出版后，日本一些学者根据其中提供的线索，陆续又发现了一些资料。1932年，石井光雄发现敦煌写本

胡适像

《神会和尚语录》的一部分。1934年，铃木贞太郎、公田连太郎参校胡适的本子，将石井光雄本予以校订，付印出版。1957年，入矢义高在斯坦因收藏的敦煌卷子中发现另一份同样的卷子，该卷子前有一短序，题为《南阳和尚问答杂征义》。这样，《神会语录》至今为止就有了3个敦煌写本。

甘肃敦煌莫高窟《大般涅槃经》第八《如来性品》第四之五，为六朝遗物，字体秀丽端庄，经文尾部残缺。

中外学者关于禅学问题的讨论，几乎无一例外地要涉及胡适的禅宗史资料、观点。胡适本人也给近代学者留下不少引起争议的禅学著述，如《从译本里研究佛教的禅法》、《论禅宗史的纲领》、《白居易时代的禅宗世系》、《禅学古史考》、《菩提达摩考》、《楞伽宗考》、《坛经考》、《中国禅学之发展》、《禅宗史的一个新看法》、《荷泽大师神会传》，等等。这些著述，从"怀疑"出发，以"考证"为手段，提出了很多难以为人所接受的武断的结论。但不可否认，他的某些考证还是具有一定的学术价值，对后人的研究有某种启发意义。如他通过考证认为，"我们剔除神话，考证史料，不能不承认达摩是一个历史的人物，但他的事迹远不如传说的那么重要"。他提出，在道宣时代"全无达摩见梁武帝的故事，也没有折苇渡江一类的神话，可见七世纪中叶，这些谬说还不曾起来"（《菩提达摩考》、《胡适文存三集》卷4）。在禅宗史研究的某些具体问题上，胡适的观点大部分是错误的，但也不排除他曾偶尔提出过比较符合实际的结论。胡适曾较早指出中国禅与印度禅的不同，认为只有到了慧能、道一时代，才可说真正形成中国禅。他认为禅宗的兴起是佛教中国化的"一个很伟大的运动"。他从思想史的角度指出，中国传统儒家的思想是入世的，是要讲修齐治平的，与印度哲学的出世主义不同，所以"把佛教中国化，简单化后，才有中国的理学"（《禅宗史的一个新看法》)。

铃木大拙有哪些禅学著作？

铃木大拙是东西方均为人所熟知的近代禅学大师。铃木大拙在禅学上的一大贡献，是给后世留下了整整31卷的《铃木大拙全集》和12卷《铃木大拙选集》。

铃木大拙1870年出生于日本石川县金泽市。1887年时曾与西田几多郎同在一中学学习。1891年赴东京，入早稻田大学前身东京专门学校，同年初至圆觉寺入今北洪川之门，热衷于参禅。次年，今北洪川去世，转而师事释宗演，继续参禅。其间曾受西田几多郎劝说而入东京帝国大学。1893年，美国芝加哥召开"世界宗教大会"，铃木随师赴美，担任英译。1897年应邀去美从事汉文典籍如《老子道德经》、《大乘起信论》等的英译，并出版了《大乘佛教概论》（英文）一书。1909年回国，任学习院大学教授、兼任东京帝大讲师。1921年因其师释宗演去世，停止参禅，离开学习院，任京都大谷大学教授，并在大学内设"东方佛教学会"，发行《东方佛教》季刊，持续达20年之久。1933年因《楞伽经研究》（英文）一书而获文学博士学位。1936年出席伦敦世界信仰大会，会后在英国各大学讲授"禅与日本文化"；同年秋，在美国各大学讲授同一专题。1950年至1958年，在美国各大学讲授"禅与华严"课程。1966年去世。

铃木大拙的主要著作有《禅学入门》、《禅与念佛心理学的基础》、《神秘主义和禅》、《禅和日本文化》、《禅与生活》、《禅学随笔》、《禅问答和悟》、《禅佛教论集》、《禅思想史研究》、《禅与精神分析》等。铃木晚年住镰仓，创设松冈文库，专事禅书、经典的英译工作。他的禅

❀ 铃木大拙（左三）与鲁迅（左五）等人在上海合影。

学著作大部分以英文刊行，因而在西方世界颇有影响，《禅佛教论集》（第1卷）出版于1927年，被视为禅宗传入西方之始。

日本曹洞宗大本山永平寺

铃木大拙既有深厚的禅学功底，又有日文、英文的文字语言能力，使他成为东方文化（大乘佛教，尤其是禅学）向西方世界介绍的杰出人物，在西方学人中获有很高的声望。铃木善于用浅显的英文句式将艰深难解的禅学通俗化，引导西方人士产生对禅学的兴趣；他又以轻松风趣演说故事的手法，描绘禅学的精髓以及人生的底蕴，使不同文化背景的人也能理解和接受禅学。欧美近年来禅学的风行，与铃木等东方学者的努力有着极其密切的必然联系。由于铃木在这方面的贡献，使他79岁时接受文化勋章，94岁时又荣获泰戈尔奖。

应当指出，当铃木21岁投师今北洪川之日起，他就决心献身于佛教事业了。数十年如一日的参禅生活，使他对禅有深刻的体验、感受。作为一个虔诚的禅者，铃木有一种发自内心的宗教信仰。因此，尽管铃木的著作充满对禅的心理机制的深刻分析，不乏出类拔萃的研究成果，但它们归根结底是出自信仰者的内省思维，源于对禅宗宗教价值的热诚肯定。换言之，铃木基于自身对禅的先验的执著态度，使他对禅的介绍和宣传往往采取过于突出的方式，乃至将禅作为东方文化唯一的精髓加以颂扬，其结果，当然也很难使西方人士对东方文明有一个全面的、完整的认识。

日本禅宗有哪些宗派？

日本禅宗有临济宗、曹洞宗、黄檗宗三派。禅宗在日本成立较晚，直至镰仓时代（1192～1333），日本才正式建立起禅宗。入唐求学的日本人中虽不乏兼习禅学者，如道昭，也有唐僧赴日传播禅法的，如义空等，但他们都未能形成宗派。

日僧荣西于公元1168年（南宋乾道四）和1187年（淳熙十四）两次入宋，参学佛教。在天台山，他参万年寺虚庵怀敞禅师，受传临济宗心印；后怀敞移住天童，荣西继续随侍研学，于绍熙二年（1191）得衣具印信。回国后传布禅宗，创立日本临济宗。

荣西的再传弟子道元于嘉定十六年（1223）入宋，历访天童山、径山、天台山，得曹洞宗天童如净禅师印可，受传秘蕴及衣具顶相。回国后盛弘禅宗，创立日本曹洞宗。

日本南北朝及室町时代（1333～1600），战乱频繁，社会动荡，民生困扰。日本佛教一些宗派开始由镰仓时代的鼎盛而走向衰落，但禅宗临济宗和曹洞宗却获得了发展和兴盛，其高僧得到幕府将军和武士的尊敬、拥戴。

南北朝时代日本临济宗产生"梦窗国师"和"大灯国师"两大高僧。梦窗号疏石，是宇多天皇的九世孙，出家后先在建仁寺随无隐禅师参禅，后在万寿寺从高峰禅师传受心印。因他学问渊博，深得醍醐天皇敬仰，敕赐"国师"之号。大灯号妙超，字宗峰，年20依佛国禅师出家，后入"大应国师"绍明门下得悟。与北朝梦窗齐名。

除了已有的临济、曹洞两宗外，日本禅宗在江户时代（1760～1868）又有黄檗宗的创立。黄檗宗的创立者是中国明代禅僧隐元隆琦，他因受日本长崎兴福寺禅僧逸然的再三邀请，于清顺治十一年（1654）抵达日本。在日本他受江户德川幕府的皈依，在京都宇治建立黄檗山万福寺，被奉为黄檗宗初祖。自黄檗宗形成之日起，便在日本佛教界引起重大反响。就连临济、曹洞两派的禅僧也纷纷投入黄檗门下。

日本禅宗源于中国，是中国禅宗的延续和发展。黄檗宗所属各寺，至今仍保持中国近代禅林风范。

明庵荣西对日本禅宗有何贡献？

荣西，号明庵，又称「千光国师」，日本备中（今冈山）吉备津人，是日本禅宗临济宗的创建者。

荣西自幼出家，在比睿山戒坛受戒。19岁（1159）从比睿山有辨法师修习天台宗教义，并从基好法师学习密教，又从显意法师受密教灌顶。日本仁安三年（1168），荣西乘船抵达中国明州（今宁波），后登天台山巡拜于灵圣古迹。当年，荣西携带天台宗章疏典籍30余部回国，后来日本密教的所谓"叶上派"即以荣西为祖师。日本文治三年（1187），荣西再度入宋，在天台山拜谒万年寺虚庵怀敞禅师。虚庵为临济宗黄龙派第8代嫡孙，在禅宗界具有很高声望。虚庵后来迁住天童山，荣西跟随奉侍。南宋绍熙二年（1191），荣西返回日本。

荣西回国后，全力以赴宣传临济禅法。先在筑前（今福冈）建报恩寺，后在博多津创圣福寺，参禅者四方云集。由于受到天台宗信徒的攻击，他写了《出家大纲》、《兴禅护国论》予以答辩，从而名声远播。不久，荣西的临济禅得到镰仓幕府的信奉和支持，将军源赖家在京都立建仁寺，安置禅、真言、天台三宗。荣西融合三宗思想，形成日本临济宗。

日本临济宗在荣西去世后进入隆盛时期。荣西弟子有行勇、荣朝等。退耕行勇常住建仁寺和寿福寺，致力于荣西开创的事业；行勇弟子大歇了心依据中国禅宗规制，完成日本临济宗礼仪的建设。

南宋灭亡之时，中国禅僧纷纷避乱日本，使日本禅宗获得迅速发展的机会，在佛教各宗中逐渐取得优势地位。公元1246年，中国禅宗临济宗杨岐派禅师兰溪道隆来到日本，受到日本僧俗的敬慕，前来皈依者众多，对推动日本禅宗发展起了较大作用。道隆去世后，龟山天皇赐"大觉禅师"谥号。在他之后，又有大批中国著名禅师东渡，宣传和推广临济禅法，为禅宗在日本的迅速发展作出了重要贡献。

希玄道元如何创立日本曹洞宗？

希玄道元是日本禅宗曹洞宗的创立者。公元1212年，道元13岁时剃发出家，修学天台宗教义。后来道元往建仁寺拜谒荣西禅师，改习禅宗。荣西去世后，随其弟子明全习禅。1223年，与明全做伴来到中国，入天童山师事曹洞宗第13代祖如净禅师，受曹洞宗禅法和法衣而归。

回日本后，希玄道元开堂说法，四条天皇敕赐寺额号"兴圣宝林禅寺"。后来道元在越前（今福井）建立永平寺，作为传布曹洞宗的根本道场。

道元禅师在中国接受的是曹洞宗的"默照禅"，所以他在日本宣扬的也是这一派的禅风，其坐禅要诀为"只管打坐"，其著作《普劝坐禅仪》等集中介绍如何静坐默照、在静坐中开悟。

道元禅师入室弟子有4人，其中以孤云怀奘最为杰出。怀奘继承道元禅法，在道元去世后继续传授曹洞禅法，其门下有彻通义介、宝庆寂圆等六人。义介也曾来过宋朝，亲见当时寺院礼乐盛况，深为感动，回国后大力化缘募捐，致力于宗派的建设事业，永平寺的佛教礼乐仪轨在他一代时初具规模。义介门下有寒岩义尹和莹山绍瑾两大弟子。义尹是顺德天皇第三子，曾两次游学中国，回国后在肥后（今熊本）创大慈寺，时人尊他为"法皇长老"。龟山法皇曾特授他紫衣袈裟，并赐大慈寺以御笔寺额。这一系统后来发展为"寒岩派"（或"大慈寺派"）。寂圆本是中国人，入日本后继承怀奘禅法，在越前开创宝庆寺，热情宣传曹洞禅法，其弟子永平义云继之，这一派被称为"宝庆寺派"。绍瑾继承义介禅法，加强宗派的建设，制定一宗清规。曹洞宗在这时发展很快，皈依者日众，由原来局限于北部地区而转向全国范围传播。

❀ 空海塑像

为何说白隐慧鹤是日本临济宗的"中兴者"？

禅宗传入日本后，与武士阶层结合，成为武士的修行方法。禅宗的高僧得到幕府将军和武士的敬仰。在这种局面下，禅宗依靠镰仓幕府兴起，又赖室町幕府而达全盛。

至江户时代，禅宗走向衰落。室町时代所设立的"五山十刹"地位下降，一些寺院甚至无力推选出可以胜任的住持。江户时代后期，担负重振禅宗重任的便是白隐慧鹤。白隐勤奋参学，究明临济正宗，为师印可，时年29岁。白隐的得悟经历了一个与中国禅僧类似的长期参学过程，这使他的禅学有比较坚实的基础。此后他继续云游，扩大声望。享保元年（1716），白隐慧鹤住松荫寺，大力振兴临济宗风。次年，他抵达京都，任妙心寺第一座，这时他的影响已遍及全国，四方学者竞相前来挂锡。宝历八年（1758），僧俗二众特为他创建龙泽寺，请为"开山第一祖"。白隐一生留下著作10余部。

白隐法嗣有东岭圆慈、遂翁元庐等30余人。东岭继承白隐家风，教化于僧俗之间；遂翁接替白隐住松荫寺，致力于中兴禅法，时有"微细东岭，大器遂翁"之美称。白隐弟子峨山门下人才济济，分化四方，各成流派，统称之为"鹄林派"，近现代日本临济宗僧徒，大抵全属这一派。为此，人们视白隐禅师为临济宗的"中兴祖师"，并无夸张之意。

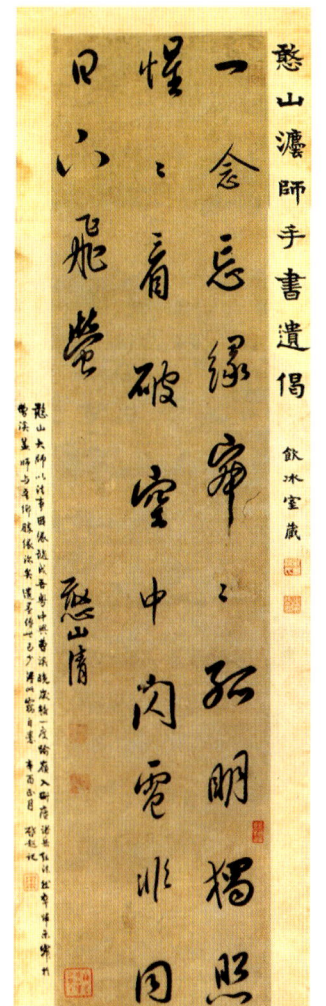

憨山德清书法

隐元在日本禅宗史上地位如何？

江户时代的日本，佛教处于停滞状态，禅宗寺院的规制和风尚逐渐荒废。隐元禅师的到来，打破了这一沉寂局面；他所创立的禅宗黄檗宗，成为日本佛教史上一大事件。

江户时代的日本，佛教处于停滞状态，禅宗寺院的规制和风尚逐渐荒废。隐元禅师的到来，打破了这一沉寂局面；他所创立的禅宗黄檗宗，成为日本佛教史上一大事件。

隐元，名隆琦，福建福清人。他曾在密云圆悟指导下参究多年。明崇祯七年（1634），隐元从费隐受临济正宗的印可。后来，隐元接受寺内众僧之请，成为黄檗山住持。1654年（清顺治十一），隐元率弟子20余人东渡日本，受到日本僧众的隆重欢迎。日本禅宗曹洞宗的铁心、独本，临济宗的独照等禅师相继在他门下受教；僧俗男女顶礼膜拜络绎不绝，极一时之盛。不到一年，隐元在日本的名声就远播千里，佛教徒称他是"古佛西来"。

隐元对日本佛教的最大贡献是创立了黄檗宗。1659年，以隐元禅师为开山祖的万福寺正式建成。寺名与中国福建隐元所住的寺庙相同，故后人把福建的祖庭称为"古黄檗"或"唐黄檗"，把日本的新寺称为"新黄檗"。其后数年内，隐元又在这里修建禅堂、方丈、竹林精舍等殿堂，并请来福建泉州工匠范道生雕塑了佛像、观音像、十八罗汉像等，重现了中国禅林的面貌。隐元在日本的立宗传禅活动，受到后水尾法皇的敬仰，多次予以馈赠，并在他去世后赐"大光普照国师"谥号。

❀ 日本奈良唐招提寺大殿

请谈谈历史上中日禅僧的交往？

中日两国佛教文化交流已有1400余年的历史，其中禅僧之间的交往成为两国人民之间友好关系的重要历史见证。中国传统的建筑、工艺、历法以及唐宋以后的绘画、书法等在这一过程中为日本民族所吸收。

在公元650～654年间，日本僧人道昭曾入唐从玄奘学法相（唯识）宗，后赴相州（今河南）隆化寺从慧满学禅，回国后在元兴寺开设禅院。公元736年（唐开元二十四），中国禅僧道璿东渡日本，在大安寺传授北宗禅。道璿的弟子行表继承这一禅法，并传给"传教大师"最澄。最澄于延历二十三年（唐贞元二十年，公元804）入唐，从天台山然受牛头禅法，回国后在比睿山传播圆、密、禅、戒四宗。其后不久，唐朝禅僧义空、道璿来到日本，开始在日本倡导禅宗。皇后桔氏特意建立檀林寺延请他们居住。

两宋时期，日本佛教界羡慕宋代禅学而入宋者络绎不绝，而中国的一些禅僧则为东邻禅学的兴起而激动，遂产生"游行化导"之志，加上13世纪中后期中国社会民族矛盾和阶级矛盾严酷激烈，汉族禅僧怀抱"生不食元粟，死不葬元土"之志，决意东渡。于是中日两国禅僧的交往，进入历史的高潮。日本僧侣明庵荣西两度入宋，回国后创建临济宗。1235年，日僧圆尔辨圆入宋，参学无准师范的禅法，回国后，大力宣传临济禅，使禅宗在京畿一带盛行起来。1246年，宋代天童禅僧兰溪道隆赴日，成为镰仓建长寺的开山。不久，日本禅僧心地觉心入宋，参径山、阿育王山、五台山等地，回国后宣传临济禅法，死后受谥号"法灯圆明国师"。

黄檗宗形成后，黄檗山的住持相继由中国僧木庵、慧林、独湛、高泉、千呆、悦山、悦峰、灵源、旭如、独文、杲堂、竺庵担任。自龙统（第14任）起，开始由日僧担任，但龙统离开法席时又推举清僧大鹏任住持；大鹏以后，百痴、伯珣、大成为清僧，祖眼为日僧。

中日禅僧的交往，不仅切磋了禅宗精义，交流了禅法思想，而且通过这种长期的历史交往，加强了两国文化的全面交流。

◎佛教小百科◎ 禅宗

禅宗与茶道有何关系？

茶叶具有提神益思、消除疲劳、清热去暑、生津止渴等功效，十分适宜佛教徒坐禅时或午后饮用（佛教戒律规定「过午不食」）。寺院僧侣与栽茶、饮茶便有了密切的关系。禅僧于坐禅之余，闲适无事，更与茶结下不解之缘。

相传早在4000多年前中国就已知道利用茶叶治病，人工栽培茶树也已有2000多年历史。唐代人封演《封氏闻见录》记北宗禅"学禅务于不寐，又不夕食，皆许其饮茶。人自怀挟，到处煮饮，从此转相仿效遂成风俗"。唐代南宗禅系统禅僧也重视饮茶，以至产生"赵州吃茶去"一大公案。据《景德录》卷10载，赵州问新到僧："曾到此间吗？"僧答："曾到。"赵州便道："吃茶去。"又问僧，僧回答："不曾到。"赵州也道："吃茶去。"后来院主问赵州："为何答曾到也说吃茶去，答未曾到也说吃茶去？"赵州招呼院主，院主应声，赵州便道："吃茶去。"在各种《灯录》中，还载有许多关于吃茶的饶有趣味的故事。

唐代一般采用将茶和其他佐料一起混合食用。宋人则习惯将龙脑、珍菜、菊花等香料和茶一起窨起来，香味更浓郁。唐宋时也有人喜欢将饼茶置于瓶罐中，以水浸泡，待吃之时倒入陶器中，于文火上煮沸，而后连汤带汁一起吃掉。故宋代对寺院茶园规定中说，"诸寺观年多摘选到草、腊茶，如五百斤以下，听从便吃用"。吃茶之风大约持续到明初。但今日"撮泡法"的饮茶也早已存在。

中国宋代禅僧圆悟克勤手书"茶禅一味"四字，他将这四字送与参学的日本弟子。圆悟的手书至今仍被收藏于日本奈良大德寺。日本茶道因此有"茶禅一味"之说。

"茶禅一味"之说深刻地道出了茶和禅二者之间的密切关系。唐宋禅院中专设有"茶寮"，以供众僧吃茶；在诸寮舍司煎点茶的，设有专职，称为"茶头"。丛林规则，每天要在佛前、祖前、灵前供茶；新住持晋山时，也有点茶、点汤的仪式；甚至还有专以茶汤开筵的，谓之"茶汤会"。日本禅寺的庭园中有"茶亭"，系中国禅寺"茶寮"、"茶堂"的发展，茶亭建筑典雅，环境幽静。被尊为茶祖的唐人陆羽，出身于寺院，3岁时为禅师收养，从小练就一手采制、煮饮茶叶的手艺。他编撰的《茶经》叙述了茶的历史、种植、加工以及茶具、饮茶风俗等。在陆羽之后，吃茶之风更为盛行。日本禅僧荣西入宋，回国时带了一袋茶籽，亲自在肥前（今佐贺）背振山种植。他为了鼓舞禅僧吃茶，还写了一本《吃茶养生记》。吃茶之风首先流行于佛教寺院（尤其是禅僧中），然后普及到文人士大夫乃至社会一般民众，这在中国和日本是一致的。在日本，自传入中国的茶树栽植、煮茶方法后，逐渐发展成为今日的"茶道"艺术。

中国宋代径山寺盛行围坐品茶研讨禅法的行事，所用茶叶，系蒸碾焙干研末而成，名"末茶"，又名"抹茶"。咸淳年间（1265～1274），日本禅僧南浦绍明来中国求学，回国时将"抹茶"制法及吃法传入日本，开创日本"茶道"之先河，至今"抹茶"仍是"茶道"所用的上品。"茶道"带有浓郁的禅味，反映出"茶禅一味"思想。在日本，真正把吃茶提高到艺术角度的是千利休，他提出过"茶道的真谛在于草庵"的主张。草庵是独立于房屋主要结构外的狭小茶室，室内陈设力求简朴，使人感受宁静、肃穆的气氛，强调精神内在的一面。

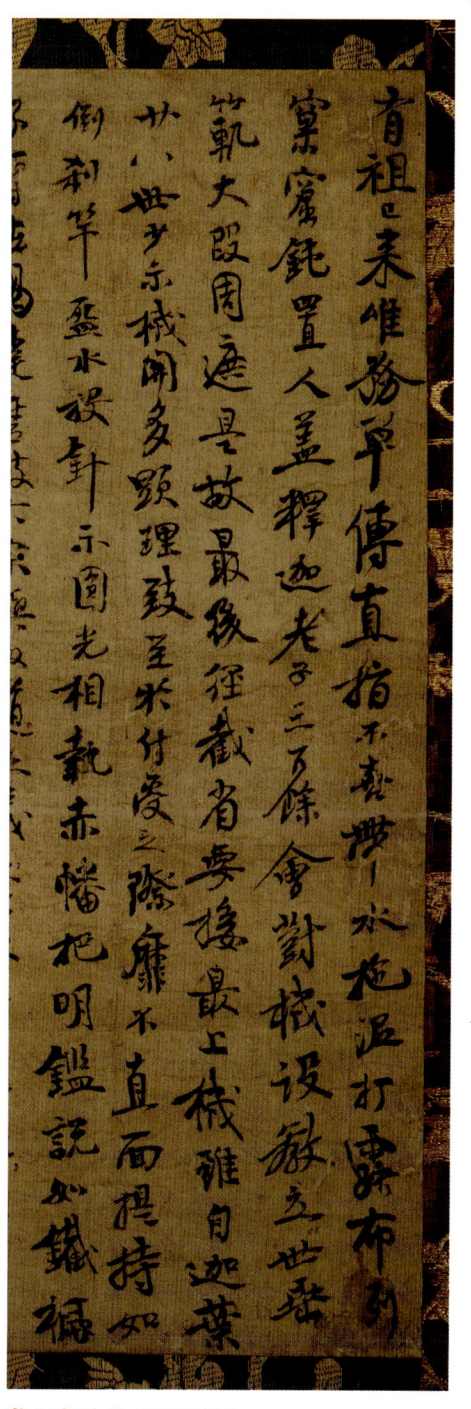

❀ 圜悟克勤《印可状》

韩国禅宗有哪些派系？

韩国的佛教于公元4世纪时由中国传入。韩国佛教禅宗，无论在法统，还是思想上都与中国禅宗有着极为密切的联系。它经历了三国时代、新罗时代、高丽时代、李朝时代的变迁，从发展、兴盛而走向衰落。

❋ 韩国扶安郡来苏寺大雄宝殿

韩国的佛教于公元4世纪时由中国传入。韩国佛教禅宗，无论在法统，还是思想上都与中国禅宗有极为密切的联系。它经历了三国时代、新罗时代、高丽时代、李朝时代的变迁，从发展、兴盛而走向衰落。

最早在朝鲜半岛传播禅宗的是法朗和神行二人。法朗于贞观年间（627～649）入唐，从四祖道信受禅法；神行入唐，则从五祖弘忍受禅法。二人回国后传播禅法，但未形成禅宗。其后入唐学习禅法的新罗人络绎不绝。玄宗开元十六年（728），新罗国王第三子来到长安，敕住禅定寺，后入蜀，从智诜受禅法，改名无相，安史之乱玄宗避难入蜀时曾于内廷供养。新罗高僧本如入唐后受禅法于南岳怀让，成为法嗣。怀让再传弟子西堂智藏门下有新罗禅僧道义、慧哲、洪直等。道义是韩国禅宗的真正开创者。

道义，原法号明寂，公元784年（德宗建中五年）入唐。入唐后，拜西堂智藏为师，智藏对他颇为赏识，为之改法号"道义"。道义在唐住了37年，回国后悉心传播南宗顿悟禅，与先前法朗、神行等所传有所不同，成为迦智山初祖。自道义起，入唐求法回国后弘传禅宗的人逐渐增多，韩国禅宗进入全盛时期，出现"禅门九山"等9个派别，分别是迦智山派、桐里山派、实相山派、圣住山派、阇崛山派、师子山派、曦阳山派、凤林山派、须弥山派。

越南禅宗有哪些派别？

越南佛教主要受中国佛教（尤其禅宗）的影响。直到近现代，越南佛教大体均属禅宗（临济宗）。可以分为三大系统：毗尼多流支系、无言通系、草堂系。

越南佛教主要受中国佛教（尤其禅宗）的影响。直至近现代，越南佛教大体均属禅宗（临济宗）。可分为三大系统：毗尼多流支系、无言通系、草堂系。

毗尼多流支系，相传为南印度僧人毗尼多流支（汉译"灭喜"）所传入，故名（又名灭喜禅派）。据传，此人于公元574年来到中国，师事三祖僧粲，接受达摩所传楞伽师的禅法。580年，他回到越南，在当地法云寺传法于弟子法云。法云住众善寺，宣传中国禅法。至八祖定空禅师以后，传法世系逐渐明朗，而慧能南宗禅的特色也日益鲜明。

无言通系为中国僧人无言通所传入。无言通，俗姓郑，广州人。他自称得法于百丈怀海，也曾登马祖道一之门。公元820年（唐元和十五）入越南传授禅法，历代相承，法嗣不绝。至李朝时代，无言通禅系达到全盛，成为佛教在越南的主要宗派。直至近代，越南佛教禅宗基本还是属于这一流派。

草堂系由中国禅僧草堂所开创。草堂禅师据传为雪窦重显的弟子。草堂在开国寺主要宣说"雪窦百则"（故这一派又名"雪窦明觉派"）。该系禅一时发展很快。

越南禅宗另有一派名为竹林派，这是无言通派的一个支派。它由陈朝仁宗（"调御圣祖"）开创。

❋ 越南寺院

欧美的"禅宗热"是怎样出现的？

佛教禅宗在20世纪以后吸引了欧美人士的注意。50年代至60年代，它开始在欧美风靡起来，出现了一股"禅宗热"。

就美国而言，禅宗的传入，最早可追溯到1893年在芝加哥召开的世界宗教会议。这次会议上，日本代表释宗演向西方代表介绍了禅宗，给他们留下了深刻的印象。1905年，美国旧金山的罗素夫妇到日本镰仓请宗演传授禅宗。次年他们一行三人便在美国各大城市宣传禅宗。其后，释宗演又派了他的三名弟子释宗活、千崎如幻、铃木大拙赴美宣传禅宗。许多美国知识分子的热情和兴趣被禅宗吸引住了。铃木大拙在卡罗斯的帮助和鼓舞下，传译了不少禅宗典籍，清楚而生动地向美国公众传授了禅宗，收到良好效果。千崎如幻则率先在纽约建立了第一所禅院。

由于经济大萧条和二次世界大战，佛教在美国的发展中断了。20世纪50年代起，美国公众在新的社会背景下重新认识佛教。铃木大拙从1950年至1958年在哥伦比亚大学讲授禅学，推动了美国禅学的发展。禅宗中心在美国不断涌现，目前日本系统的禅宗中心有好几十个，它们出版各种期刊，开展东方文化研究，从事禅法训练，同时经营农场。主要的禅宗中心设在罗彻斯特、纽约、洛杉矶、旧金山等地。

中国佛教禅宗过去主要在散居海外的华侨以及华侨僧侣中传播，近数十年来也逐渐传至欧美。出生于黑龙江双城的宣化禅师于20世纪50年代由香港赴美传授禅法，在旧金山创建"中美佛教总会"。所建道场有万佛城、金山禅寺、金轮寺等多处。

禅宗在美国的传播，渗透到哲学、文艺、音乐、医学、心理学、社会学各个领域，美国学者亚米斯的《禅与美国思想》、杜姆林的《现代世界佛教》、卡普洛的《禅门三柱》、弗洛姆的《心理分析与佛教禅宗》、格雷厄姆的《天主教禅》等著作都是这些方面的反映。

在欧洲，佛教徒的数量在稳步地增长。虽然上座部佛教传统在那里占有统治地位，但是禅宗在 20 世纪 50 年代已经流行。许多著名大学都有研究禅宗的机构或团体，而且在逐年增多；用欧洲各种文字出版的阐述禅宗思想的著作也日益增多，还定期编译出版了禅宗典籍目录。大批禅宗信徒不断前往国外禅宗寺院朝拜和修习禅定。由于信徒人数剧增，在欧洲相继出现了很多禅寺、禅堂、禅宗学校、禅定中心、修禅兼研究中心，如德国汉堡禅中心，法国格雷茨欧洲第一禅寺，法国马赛法华禅寺，意大利威尼斯禅宗研究中心等。担任禅师和教师的不仅有外国人，还有很多本国人。1978 年秋在日本东京举行的世界佛教徒联谊会第 12 届大会还通过决议，吸收"欧洲禅宗联盟"作为区域中心，其机构设于巴黎。这标志着佛教禅宗在西方的传播及影响已进入一个新的阶段。

必须指出，欧美国家的"禅宗热"，有着深刻的社会、政治原因。西方现代科技和工业生产的发达，给传统生活方式、思想和感情以猛烈冲击；现代生活的速度和节奏，局部战争、经济危机，也使人难以预测自己的未来。在一些人士看来，禅宗便是挽救西方精神的一剂良药。

❋ 韩国庆州佛国寺

少林寺为何名闻遐迩？

少林寺位于河南登封西北13千米少室山北的五乳峰下。少林寺于公元495年（北魏孝文帝太和十九）由印度僧人跋陀（也称佛陀）所创建。

少林寺位于河南登封西北13千米少室山北的五乳峰下。少林寺于公元495年（北魏孝文帝太和十九）由印度僧人跋陀（也称佛陀）所创建。

跋陀是禅学大家，于此结徒定念。若干年后，菩提达摩也来到此寺，实践和传授"南天竺一乘宗"，被视为禅宗"初祖"，少林寺也因此得到"禅宗祖庭"之称。据传，达摩弟子慧可为求法而"立雪断臂"也在此寺。

北周武帝废佛时，少林寺也在被废之列。至静帝大象年间（579～580），得到重建，并改名为陟岵寺。隋文帝开皇年间（581～588），敕复原名，并赐田100顷。唐初，因寺僧昙宗、志操等人助李世民生擒王仁则，击败王世充有功，少林寺受到唐太宗、武则天等人的崇敬，其后发展迅速，僧徒最多曾达到2000余人，获得"天下第一名刹"的荣称。唐末、五代，伴随北方佛教的衰落，少林寺也一度萧条冷落。南宋淳祐五年（1245），获得中兴。清雍正十三年（1735），予以重修，康熙帝又为其山门题写了匾额。

少林寺名闻遐迩的另一原因是少林武术的传播。少林寺历代僧众，在漫长的岁月中，创造了以拳术棒法

❈ 少林寺山门

❀ 少林寺塔林雪景

为主的武术。宋初，该寺福居和尚把全国各派武术高手招入寺内，经过前后三年的切磋，取各派之长，补少林之短，使少林武术臻于完善。少林武术是中国众多武术流派之一，它不仅在中国武术发展史上占有重要地位，而且早已越出国界，在世界武坛上享有盛誉。

少林寺规模宏大，包括山门、天王殿、大雄宝殿、达摩亭、毗卢殿等建筑，以及寺西北的初祖庵、寺西南的二祖庵等。塔林是少林寺的一大奇观。它是该寺历代和尚的墓地。凡去世的知名和尚都有自己的墓塔，现存自唐至清末的墓塔有220余座。墓塔样式种类繁多，造型各具特色，其形制及工艺往往视塔主在寺院内的地位或当时寺院经济条件而定。寺中保存了许多石刻，著名的如"秦王告少林寺主教碑"、"武后诗书碑"、"灵运禅师功德塔铭"、"嵩岳少林寺碑"、"息庵禅师碑"等。

按佛教古规，寺院只有上座、寺主、维那等职事僧，没有住持之称。少林寺第一任寺主为跋陀，继跋陀为寺主者是僧稠。迄于唐末五代，少林寺名义上仍属律寺，知事僧仍名寺主，但此时的寺主已具禅院住持之实。从现有资料看，少林寺"革律为禅"即转为禅寺当在北宋后期。

"五山十刹"指什么？

南宋宁宗时，根据史弥远的奏请，定江南禅寺以等级，便有了"五山十刹"之称。

禅宗兴起以后，禅僧为求自性觉悟和印证见地、发明宗旨，展开了寻师访友、游方学道的迁流不定生活。时人常说天下禅僧最忙，便是指的这种"参方"、"行脚"、"挂单"活动。据传，赵州从谂80岁还在行脚，汾阳善昭平生参了81员善知识。禅僧行脚起先并无固定的去处，至唐末五代时，随着丛林的发达，逐渐有了共同的去向。

"五山十刹"中的"五山"具体是指：杭州径山的兴圣万寿寺、杭州灵隐山的灵隐寺、杭州南屏山的净慈寺、宁波天童山的景德寺、宁波阿育王山的广利寺。"十刹"具体是指：杭州中天竺的永祚寺、湖州的万寿寺、江宁的灵谷寺、苏州的报恩光孝寺、奉化雪窦资圣寺、温州的龙翔寺、福州雪峰崇圣寺、金华的宝林寺、苏州虎丘灵岩寺、天台的国清寺。"五山十刹"成为一个时期禅僧游方参学的主要场所。

随着佛教的衰落和禅宗特点的消失，至明代，"五山十刹"中的大部分山刹已长久衰微。又因丛林缺乏令人仰慕的尊宿大德，禅僧及一般佛教徒的学问修养素质下降，

❀ 普陀山佛顶山大雄宝殿

"四大名山"乃逐渐取代五山十刹地位，成为禅僧和一般佛教徒集中参拜的地方。"四大名山"为：山西五台山、浙江普陀山、四川峨眉山、安徽九华山。明代曾有"金五台、银普陀、铜峨眉、铁九华"之说，以区别四山在信徒心目中的不同地位。

峨眉山万年寺山门

五台山相传为文殊菩萨显灵说法的道场，山中寺庙颇多，其特点为宗派混杂，只有青（汉僧所居）、黄（蒙藏僧侣所居）之分或十方、子孙之别。现存寺庙台内有显通寺、塔院寺、菩萨顶等39所，台外有佛光寺、南禅寺等8所。显通寺、塔院寺、菩萨顶、殊象寺、普济寺等主要寺院都属禅系统。五台山至今仍是禅僧和普通佛教徒最为向往的名山。普陀山相传为观世音菩萨所住道场。北宋以后，观音信仰盛行，普陀山寺庙渐增，僧众云集，至清末已有三大寺、70余处庵堂和100多处茅蓬。三大寺为普济寺、法雨寺、慧济寺，均为禅宗寺院。每年阴历二月十九、六月十九、九月十九为纪念观音的重大节日，届时各寺都举行盛大宗教活动，香火很旺。峨眉山相传为普贤菩萨显灵说法的道场。历史上曾在峨眉山传法的多为禅僧，据传赵州、黄檗、南泉都曾游过该山。原有大小寺院70余所，几经兴废，现存最重要的为山下第一寺院报国寺、山上最大的寺院万年寺、山顶光相寺，都属禅宗寺庙。九华山相传为地藏菩萨显灵说法的地方。几经沧桑，现存大小寺庙78所。其中著名的有化城寺，是最早的开山寺，现为全山寺庙中心，誉为"总丛林"；祇园寺、万年寺、东岩寺、甘露寺为九华山的"四大丛林"。

国内著名禅寺有哪些?

寺院是僧尼日常生活以及佛教徒开展宗教活动的场所。现在,许多名山古刹还是旅游爱好者的游览胜地。河南嵩山少林寺是佛教禅宗的发祥地,宗教意义不亚于少林寺的是广东南华寺。浙江的灵隐寺和天童寺也是著名的禅宗寺庙。

❀ 南京栖霞寺南唐舍利塔

南华寺原名宝林寺,位于广东韶关南60里处的曹溪。据载,六祖慧能在得弘忍印可、密授衣钵后,在韶州曹溪宝林寺开法,传授顿悟法门。宋开宝三年(970)赐额"南华寺",沿称至今。该寺历代屡有兴废。1934年近代禅僧虚云和尚任住持时大事兴建,奠定今日规模。现存主要建筑有头山门(曹溪门)、二山门(宝林门)、天王殿、大雄殿、灵照塔、六祖殿等。六祖殿保存有慧能真身。

杭州灵隐寺,名闻天下。该寺初建于东晋,南宋时定为中国佛教丛林五山之一,属临济宗。元、明时废而再建。清顺治六年(1649)始全面重建,康熙初赐名"云林禅寺"。1949年后经多次大修,已焕然一新。现存大雄宝殿为清代遗构,内释迦坐像高9.1米,系用24块香樟木拼接雕成。大雄殿前两座八面九层石塔和天王殿前两座石经幢,系吴越国时的遗物。寺前飞来峰岩石棱层奇秀,中多洞窟,洞窟内外有五代、宋、元时石刻佛教造像338尊。

天童寺号称近代佛教四大丛林之一,位于浙江鄞县太白山中。初建于西晋,迭经兴废。唐大中元年(847)成为禅寺。北宋时改名为景德禅寺,为禅宗著名道场。南宋建炎三年(1129),曹洞宗正觉禅师在该寺提倡"默照禅"。宝庆元年(1225),如净禅师住此,当时日本僧人道元从他受学,回国后创日本曹洞宗。明代定名为"天童禅寺",

并册封为丛林五山之一。现有房屋900余间，规模宏大。

位于江苏镇江的金山寺，相传创建于东晋，原名泽心寺，梁武帝天监四年（505）于此设水陆法会。自唐起通称为金山寺。宋代以修水陆法会而知名，云门宗佛印了元禅师曾住于此。南宋后成为临济宗的重要寺院。清康熙、乾隆两帝南巡，相继于此设立行宫。民间传说《白蛇传》中的金山寺，据说即指此。

鼓山涌泉寺建于福州石鼓山上。五代后梁开平二年（908）初建时即名"鼓山涌泉禅寺"。为福建第一丛林，江南著名禅院。寺院规模宏大，建筑物有天王殿、大雄殿、法堂等，法堂后为神晏国师塔；两侧有客堂、祖堂、斋堂、禅堂等。藏经殿所藏经籍多为国内外所罕见，颇为珍贵。近代名僧妙莲、虚云、圆瑛等先后住持，故其地位日渐上升。

开元寺位于福建泉州西街，它以雄伟壮丽的石造双塔而闻名于世。该寺初建于唐垂拱二年（686），名莲花寺，开元二十六年（738）改名开元寺。历经兴废，现存建筑有山门、大雄殿、甘露戒坛、法堂、藏经阁等。大雄宝殿又名"紫云大殿"，殿有86根两人合抱的大石柱，故又有"百柱殿"之称。双塔建于南宋，系国内最大石塔，分别高48米和44米。塔上浮雕石像，堪与敦煌、云冈、龙门等石窟艺术媲美。

✿ **五台山铜阁**

佛教小百科

禅宗

【组稿】胡名正

【责任编辑】徐丽萍　刘湘雯

【特邀审校】仲济云　慧眼文化

【文图编辑】李强

【装帧设计】阮剑锋

【美术编辑】辰征

【图片提供】北京全景视拓图片有限公司
深圳超景图片有限公司
Imaginechina　Fotoe.com